15분이면 뚝딱!
와인 안주 요리

15분이면 뚝딱!
와인 안주 요리

초판 1쇄 인쇄 2022년 3월 15일
초판 1쇄 발행 2022년 4월 1일

지은이 **최주리**
콘텐츠 기획 제작 총괄 **전다솔**
펴낸이 **우세웅**
책임편집 **김은지**
기획편집 **한희진**
북디자인 **이선영**

푸드스타일링 **정지윤 주주베트리 대표**
종이 **페이퍼프라이스㈜**
인쇄 **㈜다온피앤피**

펴낸곳 **슬로디미디어그룹**
신고번호 **제25100-2017-000035호**
신고연월일 **2017년 6월 13일**
주소 **서울특별시 마포구 월드컵북로 400, 상암동 서울산업진흥원(문화콘텐츠센터) 5층 22호**
전화 **02)493-7780**
팩스 **0303)3442-7780**
전자우편 **slody925@gmail.com(원고투고·사업제휴)**
홈페이지 **slodymedia.modoo.at**
블로그 **slodymedia.xyz**
페이스북·인스타그램 **slodymedia**

ISBN 979-11-6785-065-2 (13590)

- 이 책은 슬로디미디어와 저작권자의 계약에 따라 발행한 것으로 본사의 허락 없이는 무단전재와 복제를 금하며, 이 책 내용의 전부 또는 일부를 사용하려면 반드시 저작권자와 슬로디미디어의 서면 동의를 받아야 합니다.
- 잘못된 책은 구입하신 서점에서 교환해 드립니다.
- 본서에 사용된 이미지 일부는 독자들에게 해당 내용을 효과적으로 전달하기 위해 출처를 밝혀 제한적으로 사용했습니다.

편의점, 배달 음식, 간편식을 활용한 와인 100배 즐기기

15분이면 뚝딱!
와인 안주 요리

- 최주리 지음 -

| 추천사 |

와인은 호텔, 레스토랑, 가정에서 식문화로 자리 잡고, 음식과의 페어링으로 식탁의 가치를 높인다. 이 책《15분이면 뚝딱! 와인 안주 요리》는 저자의 풍부한 실전 경험을 바탕으로 누구나 쉽게 접할 수 있는 음식과 와인의 페어링 노하우가 숨어있다. 특히, 음식별로 가장 잘 어울리는 와인을 추천하는 저자의 세세한 배려는 과학적인 사실에 근거한 전문가적 능력과 높은 식문화 이해도, 예술적·창조적 능력이 돋보인다. 그리고 남은 와인 활용 레시피는 생활 속 꿀팁이기에 활용도가 높을 것이다.

(사)한국국제소믈리에협회 회장, 경희대학교 호텔관광대학 고황 명예교수 고재윤

와인은 대중화를 통해 누구나 즐기는 '술'로 자리 잡았다. 저자는 그간 수많은 기업 출강을 통해 가장 많이 받은 질문 중 하나인 '와인은 어떤 음식과 먹어야 하는지'라는 질문에 충실하게, 실용적인 팁을 가득 담아 이 책을 썼다. 와인에 대한 지식을 전달하는 책은 많았지만, 간편하게 와인과 안주를 즐기는 법을 담은 책은 없었기에 의미 있다. 차박 할 때, 캠핑할 때 이 책을 참고한다면 당신은 가족과 친구들에게 사랑받는 '와인 애호가'로 인정받을 수 있을 것이다.

소피텔 서울 식음 총괄 디렉터, 한국국제소믈리에 협회 수석 부회장 정하봉

단순한 요리책이 아니다. 우리가 실제로 집에서 와인을 마실 때 꼭 필요한 내용을 담고 있다.

푸드별 와인 추천과 와인 안주 레시피를 제공하고 상황별 와인 추천, 남은 와인 활용 방법과 기타 유용한 깨알 팁들을 와인 기초 상식과 함께 제공한다. 심플하지만 알차게 구성된 도서로서 와인 입문자 및 애호가들에게 강력하게 추천한다.

롯데시그니엘서울 비채나(미쉐린 1스타) 소믈리에, 인덕대학교 관광서비스경영학과 겸임교수 노태정

시중의 와인 페어링 책들 중 가장 생활 밀착형 이야기를 담은 책이다. 보유한 와인과 가장 잘 어울리는 배달 음식을 찾는 재미가 쏠쏠~! 여기에 알아두면 좋은 와인 팁까지! 일상에서 꾸준히 와인을 즐기고 싶다면 이 책을 소장하시길 추천한다.

청담 까사델비노 총괄 지배인 & 수석 소믈리에 배윤하

와인은 많고 다양한 술 중에 가장 알면 알수록 깊어지고 풍부해지며 맛있는 술이다. 부담스럽지 않게, 보다 쉽게 와인을 접하고 싶다면 이 책을 추천한다.

Spc그룹 외식사업부 총괄 소믈리에, 국가대표 소믈리에 안중민

세상에는 음식의 수만큼이나 와인도 많다. 하지만 아쉽게도 우리의 몸은 하나! 그런 우리를 위해 단 15분이면 쉽게 미식을 경험할 수 있게 해 주는 나만의 소믈리에 같은 책이 등장했다. 언제 어디에서나 와인을 즐기고 싶은 분들께 이 책을 강력 추천한다.

현대그린푸드 와인 총괄, 국가대표 소믈리에 송기범

요리 초보자라도 쉽게 뚝딱 만드는 요리, 요리와 와인의 저변 확대가 기대되는 책입니다

브루터스앤케이터링 대표, 프라이빗제트기 케이터링, 원테이블레스토랑 운영 셰프 유성남

| 프롤로그 |

집-회사-집, 집-학교-집

「집 밖보다 집 안에 있는 시간이 많아진 요즘 혼술, 혼밥은 이제 하나의 문화로 자리 잡았지만 이마저도 코로나로 인해 마음 놓고 밖에서 즐기기 어려운 상황이 되었습니다. 하루 일과를 마친 후 지친 몸을 이끌고 집으로 향하는 길, 편의점에 들렀습니다. 오늘은 매번 마시던 맥주가 아닌 와인을 골랐습니다. 어느덧 랜선 회식이라는 단어가 생겨날 만큼 코로나로 인해 주류 문화도 많은 것이 바뀌었습니다. 특히 와인은 사회적 거리두기에도 국내 와인 시장의 30%가 성장했고 이마트는 지난해 와인 매출액이 1500억 원, 롯데마트는 전년 대비 63.4%, 편의점 와인 매출도 최대 192%로 각각 2~3배 매출이 증가했습니다. 이제 와인은 격식 있는 레스토랑에서 마시는 술이 아닌 집 근처의 마트와 편의점에서 사고 집에서 편하게 즐기는 맥주와 같은 주류가 되었죠.」

*출처: 매일경제(강민호 기자 2022-03-07 17:37)
이투데이(한영대 기자 2021-12-05 15:00)

부담 없이 와인과 그에 어울리는 간단한 안주를 곁들이고 싶다면 이 책을 활용해 보세요. 요리를 못해도 괜찮아요. 만들기 쉽고 간편한 데다 맛있고 근사한 플레이팅까지 15분이면 OK. 이제 집에서 안전하고 근사하게 만들어 드세요. 누가 언제 우리 집에 방문해도, 갑작스러운 랜선 회식에서도 당황하지 말아요. 우리에게는 24시간 열려 있는 편의점이 있잖아요! 편의점에서 구할 수 있는 와인과 그에 어울리는 안주 그리고 편의점 재료로 뚝딱 만들 수 있는 요리 레시피까지 소개해 드릴게요. 편의점도 나가기 귀찮다고요? 그렇다면 배달 음식이 있습니다. 배달 음식과 어울리는 와인 페어링 메뉴도 추천해 드립니다. 코로나로 가게가 문을 닫고, 갈 곳이 없어진다고 해도 여러분의 인간관계는 계속되어야 하니까요.

이제 와인 전문가가 추천하는 레시피와 페어링으로 집에서, 차박할 때, 캠핑할 때 그리고 기분에 따라, 상황에 따라 즐겨 보세요.

CONTENTS

추천사 _ 4
프롤로그 _ 6
들어가기 전, 와인 기초 지식 _ 10

PART 1 푸드별 와인 추천

와인&푸드 페어링 _ 29
와인 안주 레시피 _ 37

5분 안주 보코치니 카프레제 39 | 딸기 카나페 41 | 부라타 치즈 샐러드 43

10분 안주 카망베르와 사과를 만 프로슈토 45 | 프로마쥬 크레페 47 | 브리 샌드위치 49 | 사과 카나페 51 | 라클렛 53 | 꿀떡 와플 55

15분 안주 에그 인 헬(샥슈카) 57 | 오스트라 알 아히요 59 | 크로플 브라운 치즈 61 | 치즈 감자전(뢰스티) 63

와인&편의점 안주 페어링 _ 64
스낵류 66 | 냉장·냉동식품류 72 | 건식품·디저트류 79

편의점 재료로 만드는 와인 안주 _ 83
크래미 카나페 84 | 브리 치즈 구이 85 | 소시지 나초 피자 86

와인&배달 안주 페어링 _ 87
한식 88 | 치킨 96 | 중식 101 | 일식 105 | 양식 109 | 아시아 요리 113 | 패스트푸드 117

주리's TIP 감성 사진 찍는 법 _ 126

PART 2　상황별 홈 와인

기분에 따라 _ 133
피곤한 날 133 | 자축하고 싶은 날 135 | 쉬는 날 136 | 딱 와인만 마시고 싶은 날 137 | 연인과 헤어진 날 138 | SNS 감성의 와인이 필요한 날 139 | 무알코올이 필요한 날 140

날씨에 따라 _ 141
벚꽃 잎이 흩날리는 봄날 141 | 바캉스가 생각나는 무더운 여름날 143 | 사락사락 낙엽이 떨어지는 가을날 144 | 눈 내리는 추운 겨울날 145 | 화창하고 맑은 날 146 | 괜히 센티해지는 비 오는 날 147

PART 3　남은 와인 활용 레시피

홈 와인 만들기 _ 151
화이트 상그리아 151 | 로제 상그리아 155 | 레드 상그리아 158 | 뱅쇼 161 | 와인 칵테일 162

[와인 지식 한 잔] 와인과 치즈 페어링 _ 166
[와인 지식 두 잔] 와인 잔의 종류_ 171
[와인 지식 세 잔] 와인 잔 세척법 _ 174
[와인 지식 네 잔] 와인의 등급 알기_ 175
[와인 지식 다섯 잔] 와인 레이블 읽기_ 179
[와인 지식 여섯 잔] 와인 보관법 _ 182
[와인 지식 일곱 잔] 셀프 와인 구매 팁_ 184

와인 Q&A_ 189
알아 두면 좋은 와인 맛 표현 용어_ 193

들어가기 전,
와인 기초 지식

와인 스타일에 따른 분류

♣ 기포(Bubble)

기포가 없는 와인은 스틸(Still)이라고 하며, 기포가 있는 발포성 와인은 스파클링(Sparkling)이라고 한다. 단, 유럽의 프랑스, 이탈리아, 스페인, 독일은 스파클링을 부르는 용어가 조금씩 다르며, 내추럴 와인은 펫낫(Pet-nat)이라고 부른다.

STILL WINE

Sparking Wine
- Franc – Champagne 샴페인
  – CRÉMANT 크레망
  – Vin Mousseux 뱅 무쉐
- Italy – Spumante 스푸만테
- Spain – Cava 까바
- Germany – Sekt 젝트

♣ 당도(sugar content)

와인의 발효는 포도의 당분과 효모가 결합하여 이산화탄소와 알코올을 생성하는 것이다. 그리고 와인의 당도는 발효가 끝나고 남아 있는 잔당이 결정한다. 잔당이 높은 와인은 점성이 높아 글라스를 흔들면 표면에 와인이 천천히 흘러 내려오는 특징이 있다.

*효모(yeast) + 설탕(sugar) = 알코올(alcohol), 이산화탄소(Co_2)

♣ 타닌(Tannin)

와인의 타닌은 입안에 떫고 쓴맛을 유발한다. 오래 우린 홍차나 덜 익은 감을 먹었을 때 입안에 감도는 떫은맛과 비슷하며, 입안이 마르고 혀와 잇몸이 꺼끌꺼끌해지는 느낌이 들게 한다. 그러나 타닌은 와인을 안정화시키고 산화를 막아 주는 역할을 하며, 주로 영한 와인에서 강하게 느껴지고 숙성될수록 약해진다. 포도 껍질에서 비롯되지만 껍질의 타닌이 약한 경우 씨앗과 줄기에서 비롯되기도 한다.

♣ 무게감(Body)

입안에 머금었을 때 느껴지는 무게감을 말하며 와인의 점도가 이를 결정한다. 미각 요소에서는 알코올 도수, 당도, 타닌이 와인의 무게감을 더하며, 포도의 품종, 재배 지역, 양조 방법에 따라 달라지기도 한다. 입안에 머금었다가 목에 넘길 때까지 와인이 물처럼 가볍게 느껴지면 라이트 바디, 우유처럼 묵직하게 느껴지면 풀 바디, 그 중간이면 미디엄 바디라고 하며, 레드와 화이트의 바디감은 차이가 있다.

♣ 색(color)

와인의 색상은 화이트 와인, 레드 와인이라고 해도 재배 지역과 숙성 진행 단계에 따라 달라진다. 예외의 품종도 있지만 기본적으로 이 두 가지 요소에 가장 큰 영향을 받는다.

① 재배 지역

보통은 포도의 품종마다 잘 자랄 수 있는 기후가 있으며, 이런 재배 지역의 기후에 따라 와인의 색상이 결정된다. 또한, 기후는 일조량과 관계가 있기 때문에 강한 햇빛을 많이 받고 자란 더운 지역의 열매가 노랗고 당도가 높다. 반대로 서늘한 기후에서 자란 열매는 상대적으로 부족한 일조량으로 색상이 옅고 산미가 높다. 즉, 기후에 따라 와인의 색과 당도, 알코올, 산미, 무게감이 달라진다.

기후	서늘한 지역	더운 지역
주요 생산지	· 프랑스 > 브루고뉴, 알자스 · 뉴질랜드 · 미국 오레곤	· 프랑스 > 론, 랑그독 루시옹 · 미국 캘리포니아 · 호주
포도 특징 / 포도 껍질	얇다	두껍다
포도 특징 / 당도	낮다	높다
포도 특징 / 산미	높다	낮다
와인 특징 / 색상	옅다	짙다
와인 특징 / 바디	라이트	풀
와인 특징 / 알코올 도수	낮다	높다
와인 특징 / 스타일	주로 화이트, 라이트 바디 레드	주로 레드, 미디엄~풀 바디 화이트
대표 품종 / 화이트	unoked 샤르도네, 소비뇽 블랑, 리슬링, 피노 그리	oked 샤르도네, 비오니에
대표 품종 / 레드	피노 누아, 가메	시라, 시라즈, 말벡, 진판델

② 숙성 진행 단계

예외의 품종도 있지만, 대체로 화이트 와인, 레드 와인 모두 갈색 빛을 띈다면 숙성이나 산화가 되고 있다는 뜻이다.

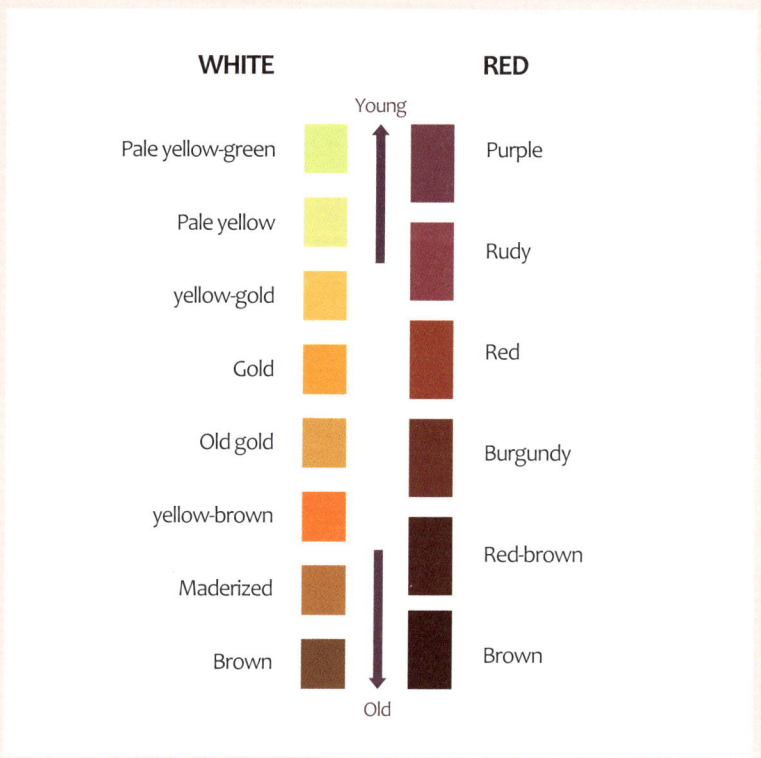

주요 포도 품종

와인으로 만들어지는 양조용 포도 품종은 수천 가지가 존재한다. 이 중 우리가 와인을 마시는데 알아 두면 좋은 주요 포도 품종을 소개한다.

♣ 화이트 와인용 품종

① 샤르도네(샤도네이)

세계적으로 가장 많이 만들어지는 화이트 와인용 품종이다. 생산 지역의 기후 및 토양 상태에 따라 시트러스, 프루티, 프레시한 스타일부터 파인애플, 살구와 같은 잘 익은 과일 향, 바닐라와 버터 같은 크리미하고 묵직한 스타일까지 다양하다.

기후	서늘한 기후	더운 기후
아로마	라임, 레몬, 모과, 풋사과 등의 신선한 과실의 풍미와 아카시아 등 흰 꽃 향, 미네랄리티, 프레시한 스타일	살구, 배, 망고, 파인애플 등의 잘 익은 과실 풍미와 오크 숙성을 통한 버터, 바닐라, 토스트 등 달콤하고 부드러운 풍미의 스타일
바디	Light ●●●○○ Full	Light ○○●●● Full
당도	Dry ●○○○○ Sweet	Dry ○●○○○ Sweet
산도	Low ○○○●● High	Low ○○●○○ High
주요 생산지	· 프랑스 > 샤블리, 부르고뉴, 샹파뉴 · 미국 > 오리건 · 칠레 > 카사블랑카 · 호주 > 테즈메이니아 · 이탈리아 북부	· 프랑스 > 랑그독 루시옹 · 미국 > 캘리포니아 · 서호주 > 야라밸리, 이든밸리 등 · 남아프리카, 스페인, 아르헨티나 · 이탈리아 남부
푸드 페어링	과일 베이스의 드레싱 샐러드, 도미와 광어 등 흰살 생선, 조개찜, 생굴, 새우구이 등 해산물, 페타와 카망베르 등의 치즈, 백숙, 프라이드치킨 등 흰살 육류	크리미한 소스 베이스의 드레싱 샐러드, 조개구이, 굴전, 랍스터 버터구이 등의 해산물, 부라타와 리코타 등의 치즈, 크림 베이스의 파스타, 목살구이 등 돼지고기

② 소비뇽 블랑

산미가 생명인 화이트 와인용 품종으로 시트러스한 과일과 야채, 풀, 허브 향 등의 풍미를 가진 프레시한 스타일의 와인이 만들어진다.

기후	서늘한 기후
아로마	라임, 레몬, 자몽, 배, 잔디, 피망, 구스베리, 딜, 허브, 부싯돌 등
바디	Light ●●○○○ Full
당도	Dry ●○○○○ Sweet
산도	Low ○○○○● High
주요 생산지	· 프랑스 > 루아르, 보르도 · 뉴질랜드 > 말보로 · 칠레, 남아프리카, 호주, 미국 등
푸드 페어링	야채 샐러드, 조개, 칵테일 새우 등의 갑각류, 생선회 등 야채전, 생선튀김, 샤브루 등 염소젖 치즈

③ 리슬링

독일과 프랑스 알자스 지역을 대표하는 포도 품종으로 드라이한 와인에서 스위티한 와인까지 다양한 스타일로 만들어진다.

스타일	드라이	스위트
기후	서늘한 기후	
아로마	라임, 레몬, 풋사과 등 신선한 과실 풍미와 아카시아 등 흰 꽃 향, 허브, 미네랄, 부싯돌, 페트롤(석유)	살구, 파인애플, 리치 등 잘 익은 과실, 꿀 등 달콤한 풍미, 부싯돌, 페트롤
바디	Light ●●○○○ Full	Light ○○●●● Full
당도	Dry ●●○○○ Sweet	Dry ○○●●● Sweet

산도	Low ○ ○ ○ ○ ● High	Low ○ ○ ● ○ ○ High
주요 생산지	· 프랑스 > 알자스 · 호주 > 이든밸리, 클레어 밸리 · 미국, 독일 등	
푸드 페어링	돼지고기, 소시지, 햄, 매콤한 아시아 요리 등	과일 타르트, 케이크 등 디저트, 고르곤졸라 피자, 블루치즈 등

④ 모스카토(뮈스카, 머스캣)

이탈리아에서는 달콤한 스파클링 와인 위주로 만들어지며, 프랑스 알자스 지방에서는 드라이한 와인부터 주정 강화 와인까지 만들어진다.

스타일	드라이	스위트(주정 강화)
기후	서늘한 기후	
아로마	레몬, 자몽, 오렌지, 사과 등 신선하고 상큼한 과실 풍미와 아카시아, 레몬그라스 등의 꽃 향과 허브 향	살구, 귤, 망고, 멜론, 파인애플 등 잘 익은 과실 풍미와 절인 과일, 라벤더, 장미 등 향긋한 꽃 향, 바닐라 빈, 꿀, 건포도, 캐러멜 등 달콤한 풍미
바디	Light ● ● ○ ○ ○ Full	Light ○ ○ ● ● ● Full
당도	Dry ● ● ○ ○ ○ Sweet	Dry ○ ○ ● ● ● Sweet
산도	Low ○ ○ ○ ○ ● High	Low ○ ○ ● ○ ○ High
주요 생산지	· 프랑스 > 알자스 · 스페인 > 페네데스	· 이탈리아 > 피에몬테, 베네토 등 · 프랑스 > 론, 랑그독 루시옹 · 그리스, 스페인, 호주
푸드 페어링	과일 샐러드, 생선회, 초밥, 매콤한 아시아 요리	과일 타르트, 케이크 등 디저트류, 고르곤졸라 피자, 블루치즈 등

⑤ 슈냉 블랑

드라이한 화이트 와인부터 스파클링 와인까지 프레시한 스타일로 만들어진다.

기후	서늘한 기후
아로마	레몬, 라임, 모과, 살구, 배 등 상큼하고 달콤한 과일 향, 아카시아, 캐모마일, 지푸라기 향 등
바디	Light ○ ● ● ○ ○ Full
당도	Dry ● ● ○ ○ ○ Sweet
산도	Low ○ ○ ○ ○ ● High
주요 생산지	· 프랑스 > 루아르 · 남아공 등
푸드 페어링	해산물, 닭 요리, 매콤한 아시아 요리

⑥ 게뷔르츠트라미너

향수 같은 강렬한 꽃 향과 열대과일 향, 스파이시함이 돋보이는 품종으로 향신료가 많이 쓰이는 아시아 요리와 잘 어울리는 화이트 와인이 만들어진다.

기후	서늘한 기후
아로마	장미, 리치, 잘 익은 배, 파인애플 등 열대과일 또는 말린 과일 향, 백후추, 생강 등의 스파이시 등
바디	Light ○ ○ ● ● ○ Full
당도	Dry ● ● ○ ○ ○ Sweet

산도	Light ● ● ○ ○ ○ Full
주요 생산지	• 프랑스 > 알자스 • 독일, 오스트리아, 미국, 뉴질랜드 등
푸드 페어링	중화요리, 베트남 요리, 인도 요리, 한식 등 향신료가 쓰이는 아시아 요리

♣ 레드 와인용 품종

① 카베르네 소비뇽(카버네 소비뇽)

환경에 적응력이 뛰어난 품종이어서 유럽에서 중국까지 전 세계적으로 가장 많이 재배된다.

기후	온화한 기후
아로마	카시스, 블랙베리, 검은 자두 등 검은 베리류, 피망, 후추 등 스파이시, 오크 숙성을 통한 가죽, 시가, 감초, 삼나무, 카카오 등 다양한 부케
바디	Light ○ ○ ● ● ○ Full
당도	Dry ● ○ ○ ○ ○ Sweet
산도	Low ○ ○ ● ● ○ High
타닌	Low ○ ○ ○ ● ● High
주요 생산지	• 프랑스 > 보르도 • 이탈리아, 스페인, 미국, 칠레, 호주, 남아공 등
푸드 페어링	소고기, 돼지고기, 양고기 등을 그릴에 구운 요리, 향신료가 들어간 육류 및 야채 요리, 꽁테, 그라나 파다노 등 반경질 치즈에서 경질 치즈

② 메를로(멀롯)

타닌이 적어 입안의 텍스처가 부드러운 품종으로 검붉은 과실 향이 풍부해 입문자나 여성들에게 추천하기 좋은 와인이 만들어진다.

기후	온화한 기후
아로마	검은 자두, 블루베리, 체리 등 검붉은 베리류, 제비꽃 등의 꽃 향, 오크 숙성을 통한 감초, 바닐라, 카카오 등 다양한 부케
바디	Light ○ ○ ● ● ○ Full
당도	Dry ● ○ ○ ○ ○ Sweet
산도	Low ○ ○ ● ● ○ High
타닌	Low ● ● ○ ○ ○ High
주요 생산지	• 프랑스 > 보르도 • 이탈리아, 미국, 칠레 등
푸드 페어링	소고기, 돼지고기 등을 양념에 볶거나 찐 요리, 버섯 또는 소시지 야채볶음, 에담과 고다 등 반경질 치즈

③ 피노 누아

재배하기 까다로운 품종으로 가벼운 바디에 산미가 높고 잘 만들어진 와인은 섬세한 아로마와 부케를 가진다.

기후	서늘한 기후
아로마	체리, 라즈베리, 자두, 산딸기 등 붉은 베리류, 제비꽃 등의 꽃 향, 오크 숙성을 통한 버섯, 가죽, 감초, 마른 잎, 흙 등의 다양한 부케
바디	Light ● ● ○ ○ ○ Full
당도	Dry ● ○ ○ ○ ○ Sweet

산도	Low ○ ○ ○ ● ○ High
타닌	Low ○ ● ○ ○ ○ High
주요 생산지	· 프랑스 > 부르고뉴 · 미국 > 오리건 · 뉴질랜드, 독일, 호주, 몰도바 등
푸드 페어링	오리고기, 닭고기 등 가금류 요리, 양고기 또는 돼지고기 요리, 그릴에 구운 버섯, 송로버섯 요리, 라클렛과 체다 등 반경질 치즈, 에뿌아스와 탈레지오 등 워시 치즈

④ **시라(시라즈)**

스파이시한 향신료 아로마를 가진 품종으로 매콤한 양념을 사용하는 한식과 중화요리 등에 잘 어울린다.

기후	온화한 기후~더운 기후
아로마	카시스, 블루베리, 검은 자두, 체리 등 검붉은 과실 향, 후추, 계피 등 스파이시, 제비꽃, 유칼립투스 등 꽃 향과 허브 향, 오크 숙성을 통한 시가, 감초, 정향, 다크 초콜릿 등의 부케
바디	Light ○ ○ ○ ● ● Full
당도	Dry ● ○ ○ ○ ○ Sweet
산도	Low ○ ○ ● ○ ○ High
타닌	Low ○ ○ ● ● ○ High
주요 생산지	· 프랑스 > 론 · 호주 > 바로사 밸리 · 칠레, 아르헨티나 등
푸드 페어링	그릴에 구운 양고기와 소고기, 매콤한 아시아 요리

⑤ 산지오베제

이탈리아의 토착 품종으로 생산량이 가장 많으며 토마토 베이스 음식과 최상의 궁합을 보이는 품종이다.

기후	온화한 기후
아로마	자두, 체리, 딸기 등 붉은 과실 향, 허브, 숙성 향으로 발사믹, 가죽, 정향, 흙 등의 부케
바디	Light ○ ○ ● ● ○ Full
당도	Dry ● ○ ○ ○ ○ Sweet
산도	Low ○ ○ ○ ● ● High
타닌	Low ○ ○ ● ● ○ High
주요 생산지	· 이탈리아 > 토스카나 키안티, 몬탈치노 · 아르헨티나, 미국, 프랑스 등
푸드 페어링	토마토 베이스의 파스타, 피자 등 이탈리아 요리, 매콤한 아시아 요리

⑥ 네비올로

화이트 트러플이 자라는 이탈리아 피에몬테 지역의 대표 품종으로 장기 숙성을 필요로 한다.

기후	온화한 기후
아로마	체리, 산딸기, 크랜베리 등 붉은 과실 향, 허브, 장미, 제비꽃, 건초 향, 백후추의 스파이시, 숙성 향으로 발사믹, 가죽, 정향, 시가, 낙엽, 버섯 등의 부케
바디	Light ○ ○ ● ● ○ Full
당도	Dry ● ○ ○ ○ ○ Sweet

산도	Low ○ ○ ○ ● ● High	
타닌	Low ○ ○ ○ ● ● High	
주요 생산지	• 이탈리아 > 피에몬테 바롤로, 바르바레스코 • 멕시코, 호주, 미국 등	
푸드 페어링	트러플이 곁들여진 스테이크와 육류 스튜 등, 크림 리조토, 라비올리, 뇨끼, 라구 파스타 등	

⑦ 템프라니요

스페인의 토착 품종으로 전 지역에 걸쳐 생산되며, 오크 숙성하지 않아 영하고 프레시한 스타일과 장기 오크 숙성이 가능한 스타일로 생산된다.

스타일	unoked	oked
숙성 등급	호벤(Joven)	크리안자(Crianza) 레세르바(Reserva) 그랑 레세르바(Gran Reserva)
기후	서늘한 기후~ 온화한 기후	
아로마	체리, 딸기, 라즈베리, 앵두, 구운 토마토 등 풍부한 붉은 과일 풍미	블랙체리, 블랙베리, 자두, 무화과, 건포도 등 잘 익거나 말린 과일 향, 월계수 잎, 딜, 마른 잎, 숙성 향으로 시가, 정향, 삼나무, 가죽, 흙, 바닐라, 코코아 등의 부케
바디	Light ○ ○ ● ● ○ Full	Light ○ ○ ● ● ● Full
당도	Dry ● ○ ○ ○ ○ Sweet	Dry ● ○ ○ ○ ○ Sweet
산도	Low ○ ○ ● ● ○ High	Low ○ ○ ● ○ ○ High
타닌	Low ○ ○ ● ● ○ High	Low ○ ○ ● ○ ○ High

주요 생산지	· 스페인 > 리오하, 리베라 델 두에로 · 포르투갈, 아르헨티나, 프랑스 등	
푸드 페어링	가금류 요리, 삼겹살 요리, 볶음 요리 등, 토마토 파스타 등	스테이크, 양갈비, 찜 요리 등, 초리조, 고급 수제 햄버거 등

⑧ 진판델(프리미티보, 트리비드라그)

원산지인 크로아티아보다 미국에서 더 유명한 품종이다. 짙은 컬러와 달콤한 아로마 와인 입문용으로 좋은 스타일의 와인이 만들어진다. 이탈리아에서는 '프리미티보(Primitivo)', 크로아티아에서는 '트리비드라그(Tribidrag)'라고 부른다.

기후	온화한 기후
아로마	블랙베리, 검은 자두, 건포도, 딸기잼과 복숭아잼 같은 설탕에 절인 과일 향, 마른 허브, 훈연 향, 피망, 후추, 클로브, 팔각 등 향신료, 숙성 향으로 견과류, 밀크초콜릿, 버터스카치, 바닐라, 시가, 가죽 등의 부케
바디	Light ○ ○ ○ ● ● Full
당도	Dry ● ● ○ ○ ○ Sweet
산도	Low ○ ● ● ○ ○ High
타닌	Low ○ ○ ● ○ ○ High
주요 생산지	· 미국 > 캘리포니아 로디, 소노마 등 · 이탈리아 > 풀리아 · 크로아티아 등
푸드 페어링	양고기, 닭고기 등 바비큐 요리, 피자, 파스타, 햄버거, 초콜릿 케이크 등

⑨ 말벡

아르헨티나에서 유명한 품종으로 부드러운 타닌과 풍부한 과실 향으로 부담 없이 즐길 수 있는 와인이 만들어진다.

기후	온화한 기후
아로마	블랙베리, 체리, 자두 풍성한 과일 향, 제비꽃, 마른 잎, 고추, 시나몬 등의 향신료, 숙성을 통한 감초, 삼나무, 커피, 모카, 밀크 초코릿, 바닐라 등의 부케
바디	Light ○ ○ ○ ● ● Full
당도	Dry ● ● ○ ○ ○ Sweet
산도	Low ○ ○ ● ○ ○ High
타닌	Low ○ ● ● ○ ○ High
주요 생산지	· 아르헨티나 > 멘도사 · 프랑스 > 보르도 · 칠레, 미국, 남아공, 호주 등
푸드 페어링	소고기, 양고기, 돼지고기 등의 스테이크 또는 바비큐 요리, 달콤하고 향신료가 가미된 아시아 요리

15분이면 뚝딱! 와인 안주 요리

PART 1

푸드별
와인 추천

와인&푸드 페어링

세상에 존재하는 와인과 푸드의 종류는 셀 수 없이 많다. 그리고 지구에 존재하는 사람을 다 만날 수 없듯이 와인과 푸드도 모두 맛볼 수 없다. 그러나 인생의 어느 시점에 필요한 사람을 만나듯 와인과 푸드도 적절한 때에 잘 맞는 짝을 만나면 최고의 마리아주, 즉 최고의 궁합을 이루어낸다. 또한, 같은 와인이라고 해도 푸드와 날씨, 함께하는 사람, 컨디션에 따라 와인의 맛이 다르게 느껴지기도 한다.

그렇다면 와인 선택과 푸드 페어링에 앞서 당신이 해야 할 것은 무엇일까? 바로 와인과 푸드 중에 무엇을 메인으로 할지를 정하는 일이다. 와인에 비중을 두었다면 어떤 종류의 와인을 먹을지를 정하고 그에 맞는 푸드를 고민하자. 푸드에 비중을 두었다면 이와 반대로 결정하면 된다.

#와인&푸드 페어링의 공식
#조화 페어링 #대비 페어링

와인과 푸드 페어링의 기본은 해산물과 화이트 와인, 육류와 레드 와인 조합이지만, 해산물의 종류에 따라 레드 와인이 어울리기도 하고, 육류의 종류에 따라 화이트 와인이 어울리기도 한다. 또한 와인과 음식을 조화롭게 페어링할 것인지 상호 대비되는 스타일로 페어링할 것인지도 관건이다. 두 종류의 페어링에 대해 알아보자.

◆ 조화 페어링

조화 페어링이란 와인과 푸드의 비슷한 특징을 찾아 페어링하는 것이다. 구체적으로는 음식 재료의 무게감과 질감을 와인의 바디감과 묶는다. 그렇다면 음식의 무게감과 질감은 무엇이 결정할까? 예를 들어 소고기, 돼지고기, 닭고기는 각자의 무게감과 육질이 있고, 여러 재료가 모여 음식으로 만들어지면 주재료에 의해 해당 음식의 무게감과 질감이 정해진다. 그리고 와인의 바디감은 타닌, 당도, 산도, 알코올의 함유량에 따라 결정된다. 포도의 품종과 지역적 특징, 양조 방법에 따라 결정된다고 볼 수 있다. 음식별 기본적인 무게감과 와인의 바디감을 연결하면 다음과 같다.

채소&곡류

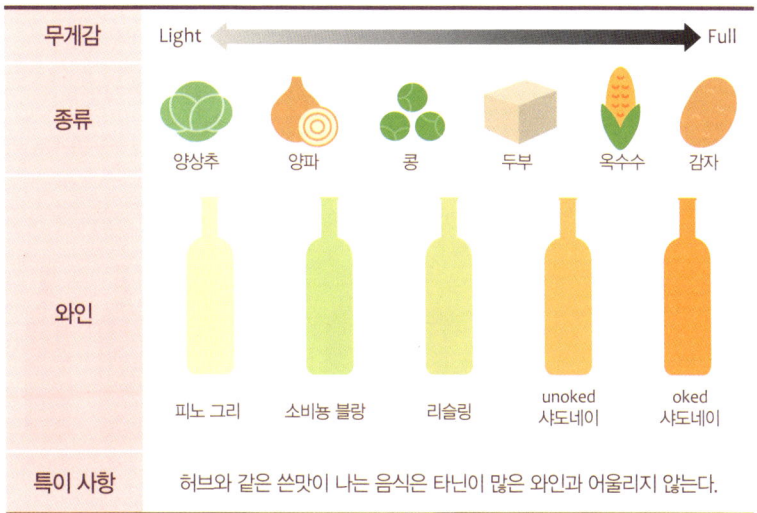

생선류

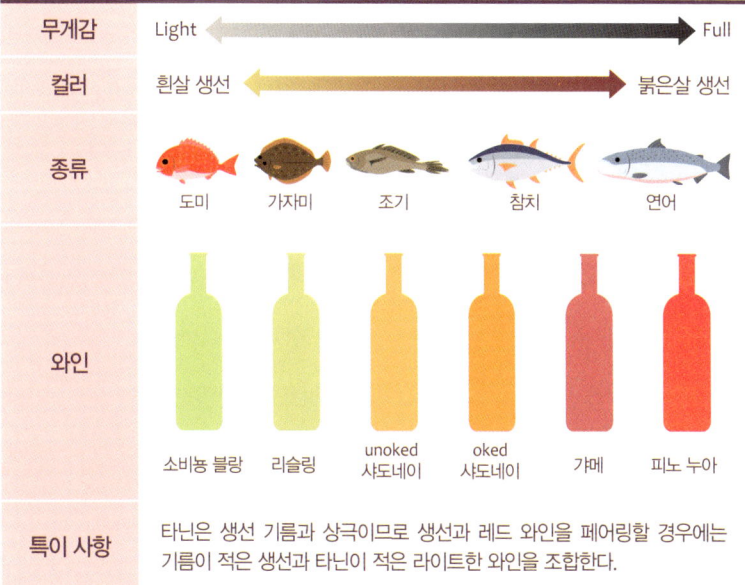

조리 방법도 음식의 질감과 무게감을 변화시키는 요소다. 예를 들어 돼지고기 삼겹살의 경우, 볶음 요리인지 찜 요리인지에 따라 질감과 무게감이 달라진다. 어울리는 와인이 다양해지는 것은 물론이다. 구체적으로 구운 삼겹살은 흰살 육류의 특징이 살아 있으므로 화이트 와인, 로제 와인, 라이트 레드 와인과 잘 어울린다. 또한 양념에 볶은 삼겹살은 양념이 육류에 베기 때문에 조금 더 무게감이 있는 미디엄 레드 와인과 잘 어울리고, 삼겹살찜은 장시간 양념이 육질에 배어들어 농축되어 있기 때문에 이러한 풍미를 살려 줄 수 있는 진하고 바디감이 있는 레드 와인을 페어링하면 좋다. 즉, 음식의 풍미만큼 와

인의 풍미가 따라야 좋은 궁합이라고 볼 수 있다. 만약, 갈비찜을 라이트 레드 와인과 페어링한다고 생각해 보라. 모든 양념이 농축된 진한 풍미의 음식 앞에서 가벼운 레드 와인의 맛은 즐기기 어려울 것이다. 와인은 음식보다 산도와 당도, 풍미가 강한 것이 좋다.

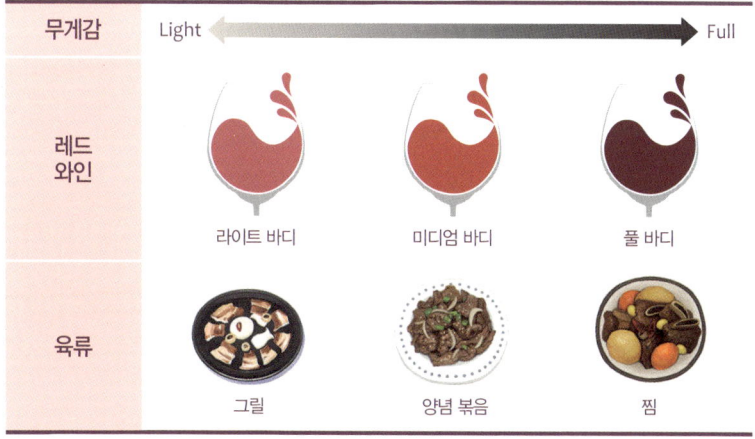

◆ 대비 페어링

　대비 페어링이란 음식과 와인 사이에 대비가 되는 부분의 최고 궁합을 찾아 페어링하는 것이다. '단맛과 짠맛'의 조합이 가장 대표적이다. 예를 들어, 간장치킨과 콜라, 불고기, 앙버터(단팥과 버터를 넣어 만든 빵) 등의 단맛과 짠맛 조합의 음식은 소금이나 설탕을 적게 쓰면서도 그 맛을 극대화하는 데 효과적이다. 그리고 이렇게 대비되는 맛으로 맛을 풍부하게 하는 점을 와인에도 적용할 수 있다. 어느 정도 검증된 맛의 조합을 적용한다면 '단맛과 짠맛, 단맛과 신맛, 짠맛과 신맛, 기름진 맛과 짠맛, 매운맛과 단맛' 등이 있다. 실제로 스파클링 와인, 화이트 와인, 로제 와인은 서로 다른 맛들과 대비를 이루며 보완하는 페어링에 자주 사용되는 와인이다. 우리나라 사람들이 가장 좋아하는 음식인 치킨은 맛의 종류가 무궁무진해졌다. 다양한 맛의 치킨과 와인의 대비 페어링은 최상의 궁합을 이룬다.

치킨과 와인의 페어링

프라이드치킨 & 샴페인, 까바		**기름진맛-신맛 or 짠맛**	
		생산지 프랑스, 스페인, 이탈리아 등 **스타일** 드라이, 스파클링	
간장치킨 & 모스카토		**짠맛-단맛**	
		생산지 이탈리아 **스타일** 스위트 스파클링	
허니 치킨 & 리슬링, 소비뇽 블랑		**단맛-신맛 or 짠맛**	
		생산지 독일, 프랑스, 호주 등 **스타일** 드라이 화이트	
스파이스 치킨 & 로제		**매운맛 - 단맛**	
		생산지 이탈리아, 프랑스, 미국 등 **스타일** 스위트 스파클링	

PART 1 푸드별 와인 추천

앞으로 소개할 와인&푸드 페어링에서는 조화 페어링인지 대비 페어링인지를 알리고, 법칙을 함께 소개하고자 한다. 물론 100% 정답은 아니다. 사람마다 입맛이 다르고 와인을 즐기는 상황도 다르기 때문이다. 와인에는 정답이 없다. 일반적인 법칙을 기재하지만, 소개한 와인과 음식을 구하지 못한다면 비슷한 와인과 음식을 선택하여 페어링하자.

와인 안주 레시피

간단한 재료로 빠르게 준비할 수 있는 와인 안주 레시피를 소개한다. 나를 위한 요리여도 좋고, 갑작스럽게 방문한 손님을 위한 요리여도 좋다. 정성스러운 요리에 궁합이 좋은 와인을 페어링해 특별한 시간을 보내자. 달콤한 요리에 달콤한 와인을 곁들여 극강의 달콤함을 맛보고, 오일리한 음식에 입안을 개운하게 해 줄 와인을 곁들여 가볍게 배를 채울 수도 있다. 조화 페어링과 대비 페어링의 기본을 알고, 추천하는 와인을 곁들이자.

> 5분 안주

보코치니 카프레제

조리 시간
5분

재료
방울토마토 5~10개,
보코치니 5~10개,
바질 5~10장,
발사믹 글레이즈,
꼬치

준비
1. 방울토마토와 바질 잎을 깨끗하게 세척합니다.
2. 방울토마토의 꼭지를 제거합니다.
3. 꼬치를 준비합니다.

만드는 법
1. 방울토마토를 반으로 자릅니다.
2. 방울토마토-바질-보코치니 순서로 꼬치에 끼웁니다.
3. 발사믹 글레이즈를 곁들여 먹습니다.

와인 페어링 유형
조화 페어링

페어링 와인
가벼운 화이트 와인, 로제 와인, 스파클링 와인을 추천합니다.

- 스파클링 와인: 산테로, 피노 샤르도네 스푸만테(136쪽)

TIP
- 보코치니가 없다면 모차렐라 치즈를 사용해도 좋습니다.
- 바질이 없으면 바질 페스토를 사용해도 좋습니다.

PART 1 무드별 와인 추천

🕐 5분 안주

딸기 카나페

조리 시간
5분

재료
크래커 3~5개,
딸기 3~5개,
생크림,
타임(허브)

준비
1. 딸기와 타임을 깨끗하게 세척합니다.
2. 생크림을 준비하고, 스프레이형 생크림이라면 미리 흔들어 둡니다.

만드는 법
1 딸기 꼭지를 제거하고 제거한 부분을 바닥으로 해 세웁니다.
2 딸기를 3~4등분합니다.
3 크래커 위에 생크림을 볼록하게 뿌리고 딸기를 올립니다.
4 타임을 올려 마무리합니다.

와인 페어링 유형
조화 페어링. 생크림의 부드럽고 달콤한 맛과 딸기의 신선한 단맛과 산미가 어우러져 풍미가 더욱 더 좋습니다.

페어링 와인
세미 스위트 화이트, 로제, 스파클링 와인을 추천합니다.

- 로제 와인 : 간치아, 브라케토 다퀴 NV/NV(134쪽), 파스쿠아 프리잔테 돌체 스위트 로제 (146쪽)

TIP
생크림이 없으면 크림치즈를, 타임이 없다면 다른 허브를 올려도 좋습니다.

5분 안주

부라타 치즈 샐러드

조리 시간
5분

재료
부라타 치즈,
포도, 딸기,
블루베리, 루꼴라,
올리브유 약간,
소금, 후추

준비
1. 부라타 치즈를
   상온에 10분 정도
   미리 꺼내 둡니다.

2. 과일과 루꼴라를
   깨끗하게 세척하고
   꼭지가 있는 과일은
   꼭지를 제거합니다.

3. 큰 과일은
   한입 크기로 잘라
   손질합니다.

만드는 법
1 그릇 중앙에 부라타 치즈를 올립니다.
2 부라타 치즈 주변에 과일과 루꼴라를 먹기 좋게 담습니다.
3 올리브오일을 뿌립니다.
4 부라타 치즈 위에 소금과 후추를 기호에 맞게 뿌립니다.

와인 페어링 유형
조화 페어링. 크림처럼 부드러운 텍스처와 우유처럼 고소한 풍미의 치즈는 잘 익은 과일과 페어링하면 어울립니다.

페어링 와인
고소한 풍미가 가득한 샴페인이나 스파클링 와인 또는 잘 익은 과실 향과 오크 터치가 느껴지는 화이트 와인, 오프 드라이 로제 와인, 라이트 바디 레드 와인을 추천합니다.

• 화이트 와인: 도멘 파케, 마콩 퓌세(146쪽)

TIP
과일은 한 종류만 사용해도 되며, 집에 있는 과일로 간편하게 준비하세요. 과일 종류에 따라 다양한 맛을 즐길 수 있습니다. 루꼴라 대신 푸른 잎 채소와 양상추를 사용해도 좋습니다.

카망베르와 사과를 만 프로슈토

🕙 10분 안주

조리 시간
10분

재료
사과 1/4,
카망베르 치즈 1/2,
브리 치즈,
프로슈토 3장,
바질 6장,
발사믹 글레이즈

준비
1. 프로슈토 1장을 가로로 길게 자릅니다.
2. 사과와 카망베르 치즈를 0.5~1cm 정도 두께로 자릅니다.
3. 바질을 깨끗하게 세척합니다.

만드는 법
1 사과 위에 바질, 브리 치즈 순으로 올립니다.
2 1을 프로슈토로 돌돌 감습니다.
3 접시 위에 올리고 발사믹 글레이즈를 뿌려 마무리합니다.

와인 페어링 유형
대비 페어링. 단맛과 짠맛의 대비 페어링으로 사과의 새콤달콤함이 진한 풍미와 적당한 짠맛의 카망베르 치즈의 풍미를 살려 줍니다.

페어링 와인
샤블리와 소비뇽 블랑처럼 산미가 있는 화이트 와인 또는 가메와 피노 누아 같은 가벼운 스타일의 레드 와인을 추천합니다.

- 레드 와인: 조셉 페블레, 부르고뉴 피노 누아 에프 드 페블레(144쪽)

TIP
- 바질이 없다면 바질페스토를 사용해도 좋습니다.
- 프로슈토는 말지 않고 치즈 위에 올려도 좋습니다.

🕙 10분 안주

프로마쥬 크레페

조리 시간
10분

재료
크레페 1장,
프로마쥬블랑 치즈 3스푼,
제철 과일 1~3종 적당량,
꿀 또는 메이플 시럽 1스푼

준비
준비한 과일을
모두 얇게
슬라이스합니다.

만드는 법

1. 크레페 1장을 펼치고 프로마쥬블랑 치즈를 크레페의 반쪽에 펴 바릅니다.
2. 1 위에 얇게 슬라이스한 과일을 올리고 꿀 또는 메이플 시럽을 뿌립니다.
3. 반대편 크레페로 덮고 4등분해 접시 위에 올립니다.

와인 페어링 유형

조화 페어링. 요거트처럼 담백하고 산미가 있으며 순한 맛이 특징입니다. 제철 과일과 잘 어울리며 시트러스한 스파클링 와인 또는 화이트 와인과 잘 어울립니다.

페어링 와인

스파클링 와인, 약간의 당도가 있는 달콤한 화이트 와인, 로제 와인 또는 오크 숙성하지 않은 붉은 과실 향이 가득한 드라이 로제 와인, 라이트 바디 레드 와인을 추천합니다.

• 로제 와인: 파스쿠아 일레븐미닛 로제(139쪽)

TIP

- 과일이 없다면 꿀이나 시럽만으로도 충분합니다. 그래도 무언가 넣고 싶다면 말린 과일을 사용해도 좋습니다.
- 꿀 대신 메이플 시럽, 아가베 시럽 등을 사용해도 좋고, 없다면 설탕과 물을 1:1 비율로 섞어 시럽을 만들어 올립니다.

브리 샌드위치

🕐 10분 안주

조리 시간
10분

필수 재료
브리 치즈,
크림치즈 종이컵 1개 분량,
하루견과 2~3봉
(말린 과일 믹스),
로즈마리 약간

선택 재료
살라미와 햄 등

준비
로즈마리를
깨끗이 세척합니다.

만드는 법
1. 하루 견과와 로즈마리를 식감이 느껴질 정도로 자릅니다.
2. 볼에 크림치즈와 1을 넣어 섞습니다.
3. 브리 치즈를 바닥에 놓고 가로로 반을 자릅니다.
4. 반으로 자른 브리 치즈 위에 크림치즈 믹스를 올리고 나머지 브리 치즈 반을 올려 살짝 누릅니다.

와인 페어링 유형
조화 페어링. 브리 치즈는 은은한 버섯향이 나는 것이 특징입니다. 견과류, 말린 과일과 잘 어울립니다.

페어링 와인
숙성된 샴페인, 스파클링 와인 또는 오크 숙성된 화이트 와인, 미디엄 바디 이상의 레드 와인을 추천합니다.

- 화이트 와인: 브래드 앤 버터 나파 샤도네이(136쪽)
- 레드 와인: 끌로 쌩 장 샤또네프 뒤 빠쁘(137쪽)

TIP
- 생과일을 사용한다면 수분을 충분히 제거합니다.
- 살라미나 햄을 준비했다면 식감이 느껴질 정도로 자릅니다.
- 로즈마리 외에 다른 허브를 사용한다면 타임, 딜, 애플민트, 바질이 좋습니다.

PART 1 무드별 와인 추천

⏰ 10분 안주

사과 카나페

조리 시간
10분

필수 재료
프로마쥬블랑 종이컵 1개 분량,
사과 1개, 오렌지 1/4개,
배 1/4개, 딸기 3개,
견과류

선택 재료
옥수수와 셀러리

준비
1. 사과와 딸기는 깨끗하게 세척하고, 딸기의 꼭지를 제거합니다.
2. 오렌지와 배는 껍질을 제거합니다.

만드는 법
1. 견과류는 식감이 느껴질 정도로 다집니다.
2. 오렌지, 배, 딸기를 한입 크기로 깍둑썰기합니다.
3. 볼에 프로마쥬블랑과 1, 2를 넣고 버무립니다.
4. 사과의 꼭지를 옆 방향으로 해 1.5cm 정도로 슬라이스합니다.
5. 슬라이스한 사과 위에 프로마쥬블랑 믹스를 올립니다.

와인 페어링 유형
조화 페어링. 짭조름하면서 부드럽고, 생크림보다 담백하고 순한 프로마쥬블랑은 달콤한 재료와도 궁합을 이룹니다.

페어링 와인
풍부한 과일 향, 꽃 향, 미네랄, 토스티 풍미의 스파클링 와인과 화이트 와인을 추천합니다.

- 스파클링 와인: 듀발 르로이 브뤼 리저브(137쪽)
- 화이트 와인: 스프링 타이드 리슬링(143쪽)

TIP
- 집에 있는 과일이나 제철 과일을 사용해도 좋습니다.
- 프로마쥬블랑 대신 요거트를 사용해도 좋습니다.
- 선택 재료 추가 시 옥수수는 물을 버리고 알맹이만, 셀러리는 1cm 이내로 잘라 다른 재료들과 함께 버무립니다.

10분 안주

라클렛

조리 시간
10분

필수 재료
라클렛 치즈, 웨지 감자,
베이컨, 아스파라거스,
양송이, 파프리카, 후추

선택 재료
빵, 소시지, 살라미, 양파,
단호박 등 구울 수 있는 재료

준비
1. 웨지 감자는
   상온 또는 전자레인지에
   해동합니다.

2. 야채는 깨끗이
   세척해 먹기 좋게
   자릅니다.

3. 그릴 팬은
   중약불로
   예열합니다.

만드는 법
1 예열한 그릴 팬 위에 감자를 올려 노릇노릇하게 굽습니다.
2 감자가 거의 구워질 즈음 나머지 재료를 올려 굽습니다.
3 구운 재료를 그릇에 담습니다.
4 팬 위에 라클렛 치즈를 올리고 후추를 살짝 뿌려 약불로 녹입니다.
5 3 위에 녹인 라클렛 치즈를 올립니다.

와인 페어링 유형
조화 페어링. 라클렛 치즈는 그냥 먹으면 특유의 향이 있고 짭조름하지만 녹이면 담백하고 우유의 풍미가 살아나 감자와 구운 채소, 소시지, 빵과 잘 어울립니다.

페어링 와인
치즈 특유의 쿰쿰한 향과 잘 어울리는 내추럴 와인이 좋습니다. 야채 위주의 안주라면 스파클링 와인을, 육류 위주의 안주라면 라이트 바디 레드 와인을 추천합니다.

- 내추럴 와인: 뮈스카 인스피레이션(143쪽)
- 스파클링 와인: 떼땅져, 녹턴 시티 라이트(135쪽)

TIP
- 야채는 그릴에 구워도 되고 스팀으로 익혀도 됩니다.
- 든든하게 먹고 싶다면 소고기 등의 육류를 곁들여도 좋습니다.

PART 1 푸드별 와인 추천

꿀떡 와플

10분 안주

조리 시간
10분

재료
꿀떡 6~9개
올리브오일
와플 팬

준비
냉동 보관한 꿀떡이라면 미리 꺼내 두거나 전자레인지로 해동합니다.

만드는 법
1. 솔로 예열한 와플 팬에 올리브오일을 바릅니다.
2. 타이머를 5분에 맞추고 와플 팬에 꿀떡을 굽습니다.

와인 페어링 유형
조화 페어링. 달콤한 와인과 달콤한 안주는 맛을 상승시킵니다.

페어링 와인
달콤한 스파클링 와인, 화이트 와인, 로제 와인을 추천합니다.

- 스파클링 와인: 칸티, 모스카토 다스티(71쪽)
- 화이트 와인: 스프리츠 짐머, 리슬링 아우스레제(145쪽)

TIP
호떡 믹스를 사용해도 좋습니다.

> 15분 안주

에그 인 헬(샥슈카)

조리 시간
15분

재료
토마토퓌레 또는 토마토소스
종이컵 2개 분량,
달걀 3개, 양파 1/2개,
파프리카 1/4개, 양송이 3개,
베이컨, 바질,
모차렐라 치즈 종이컵 2/3개 분량,
빵, 다진 마늘 반 스푼,
페페론치노, 올리브오일, 후추

준비
1. 바질, 파프리카, 양송이는 깨끗하게 세척하고, 양파는 껍질을 제거합니다.
2. 양파와 파프리카를 네모나게 자릅니다.
3. 양송이는 편으로 슬라이스합니다.
4. 베이컨은 가로로 길게 펼친 상태에서 1cm 간격으로 자릅니다.

만드는 법
1. 예열한 팬을 약불로 줄이고 마늘 반 스푼을 넣어 볶습니다.
2. 마늘향이 올라오면 양파를 넣어 반투명해질 때까지 볶습니다.
3. 베이컨과 파프리카, 양송이를 넣고 1분간 더 볶습니다.
4. 토마토퓌레나 토마토소스, 페페론치노를 넣고 타지 않게 저어가며 3~5분 끓입니다.
5. 4에 달걀을 올리고 흰자가 익을 때 즈음 모차렐라 치즈를 뿌립니다.
6. 모차렐라 치즈가 녹을 때까지 살짝 익힌 후 불을 끕니다.
7. 완성된 에그 인 헬에 후추를 뿌리고 바질을 올려 마무리합니다.
8. 빵에 올리거나 찍어 먹습니다.

와인 페어링 유형
조화 페어링. 새콤한 토마토소스에 야채와 달걀이 어우러진 농축미 있는 에그 인 헬은 레드 와인과 잘 어울립니다.

페어링 와인
토마토소스와 잘 어울리는 와인은 산미가 풍부하면서 무게감이 있는 미디엄-풀 바디 드라이 레드 와인입니다. 특히 이탈리아의 산지오베제(끼안티), 네비올로(바롤로) 스타일이 잘 어울립니다.

• 레드 와인: 칸티나 자카니니, 몬테풀치아노 다브루쪼(147쪽)

TIP
• 집에 있는 야채를 사용해도 좋습니다.
• 매콤하게 먹고 싶다면 매콤한 맛 토마토소스를 구입하면 좋습니다.
• 든든하게 먹고 싶다면 파스타 면을 삶아 넣어도 좋습니다.

`15분 안주`

오스트라 알 아히요

조리 시간
15분

필수 재료
굴, 깐 새우, 마늘, 빵,
소금, 후추, 페페론치노 3개,
올리브오일 종이컵 1컵 분량

선택 재료
아스파라거스,
선드라이 토마토

준비
1. 굴과 깐 새우는
   깨끗이 세척한 뒤
   소금과 후추로 밑간합니다.
2. 마늘은 편으로 썹니다.
   물기가 있다면
   키친타월로 제거합니다.

만드는 법
1. 예열한 팬에 올리브오일을 두르고 열기가 느껴지면 약불로 줄여 마늘을 익힙니다.
2. 마늘이 노릇노릇하게 익으면 새우, 아스파라거스, 페페론치노를 넣어 익힙니다.
3. 새우가 익어 가면 굴을 넣고 소금과 후추로 간을 합니다.
4. 1분 정도만 더 조리해 굴이 너무 푹 익지 않도록 한 뒤 그릇에 담습니다.

와인 페어링 유형
대비 페어링. 짠맛과 신맛, 기름진 맛과 짠맛이 풍미를 돋웁니다. 굴과 새우의 짭조름한 맛과 빵의 담백하고 고소함을 함께 느낄 수 있습니다.

페어링 와인
해산물이 메인인 이 요리에는 산미와 미네랄이 풍부한 화이트 와인 또는 오일리함과 빵의 효모 향이 잘 어울리는 스파클링 와인을 추천합니다.

- 스파클링 와인: 보히가스, 엑스트라 브뤼 그랑 리저브(146쪽)
- 화이트 와인: 루이 자도, 샤블리(145쪽)

TIP
- 굴이나 새우 한 가지만 넣어도 좋습니다.
- 페페론치노가 없으면 말린 청고추나 홍고추를 사용해도 좋습니다.
- 다 먹고 난 후 파스타 면을 삶아 오일 파스타로 즐길 수 있습니다.

🕐 15분 안주

크로플 브라운 치즈

조리 시간
15분

재료
크루아상 생지,
브라운 치즈,
바닐라 아이스크림,
버터,
와플 팬

준비
크루아상 생지는
10분 전에 실온에
꺼내 둡니다.

만드는 법
1. 솔로 예열한 와플 팬에 버터를 바릅니다.
2. 팬 위에 해동한 크루아상 생지를 올리고 뚜껑을 닫습니다.
3. 타이머를 5분에 맞추고 중약불로 굽습니다.
4. 완성된 크로플을 접시에 옮기고 열기가 가라앉도록 3분 정도 기다립니다.
5. 바닐라 아이스크림을 올리고 그 위에 그레이터로 브라운 치즈를 갈아 올립니다.

와인 페어링 유형
조화 페어링. 크로플과 아이스크림의 달콤함과 치즈의 짠맛이 풍부한 단맛을 느끼게 합니다.

페어링 와인
약과에 식혜나 수정과를 페어링하듯 단맛끼리 페어링하면 달콤함이 상승합니다. 무게감 있고 잔당감이 느껴지는 드라이 레드 와인 또는 주정 강화 와인을 추천합니다.

- 레드 와인: 그랑 파시오네 로쏘(82쪽)
- 포트 와인: 다우. 파인 토니 포트(138쪽)

TIP
- 와플 팬이 없다면 완제품 크로플을 구매해도 좋습니다.

15분 안주

치즈 감자전(뢰스티)

조리 시간
15분

필수 재료
감자 1개, 양파 1/4개,
그라나 파다노 치즈 가루 종
이컵 1/2컵 분량,
전분 소주잔 1/2 분량,
물 종이컵 1/2 분량,
소금, 후추,
올리브오일, 와플 팬

선택 재료
당근, 베이컨

준비
1. 감자는 얇게 채썰기합니다.
 채칼을 사용해도 좋습니다.
2. 양파를 얇게 채썰기합니다.
3. 그라나 파다노 치즈를
 그레이터로 갈아
 종이컵 1/2 분량 정도를
 준비합니다.

만드는 법

1. 채 썬 감자와 양파, 그라나 파다노, 전분, 물, 소금, 후추를 섞습니다.
2. 솔로 예열한 와플 팬에 올리브오일을 바릅니다.
3. 타이머를 5분에 맞추고 앞뒤로 돌려가며 굽습니다.
4. 완성된 치즈 감자전을 접시에 올립니다.

와인 페어링 유형

대비 페어링. 짠맛과 신맛, 기름진 맛과 짠맛의 대비 페어링입니다. 오일을 둘러 바삭하게 구운 감자전은 담백해서 간식으로 즐기기 좋습니다.

페어링 와인

기름지고 짭조름한 음식에는 산미 있는 와인과 페어링해야 느끼함을 잡아 주고 맛의 풍미를 돋웁니다. 미네랄과 산미가 풍부한 스파클링 와인 또는 화이트 와인을 추천합니다.

- 스파클링 와인: 페데리코 파테니나, 까바 브뤼(134쪽)
- 화이트 와인 : 돈나푸가타, 안씰리아(147쪽)

TIP
- 와플 팬이 없다면 프라이팬에 구워도 좋습니다.
- 생감자 대신 해시 브라운을 해동해 만들어도 좋습니다.

와인 & 편의점 안주 페어링

요즘 편의점에는 다양한 금액대의 다양한 용량의 와인이 많아졌다. 곁들일 수 있는 간편하고 고급스러운 안주도 느는 추세다. 어느덧 진열대 앞에서 핸드폰으로 와인 검색을 하는 사람도 많이 볼 수 있는 이유다. 그러나 이렇게 일상에 스며든 와인 환경에 비해 무엇을 선택해야 할지는 여전히 어렵다. 먹고 싶은 와인과 음식을 선택해도 막상 먹었을 때 궁합이 맞지 않아 실망하기도 한다. 이번 챕터에서는 각 편의점에서 판매하는 와인과 안주 페어링을 추천한다.

체크 포인트		사 항	
당도 Sweetness	발효 과정에서 알코올로 변환되지 않고 남은 당도로 구분한다.	dry	잔당이 느껴지지 않는다.
		sweet	당도가 매우 높게 느껴진다.
산도 Acidity	혀 양쪽에 침에 고이는 정도로 구분한다. 포도의 익은 정도에 따라 결정되며 서늘한 기후에서 자란 포도일수록 산도가 높고, 더운 기후에서 자란 포도일수록 산도가 낮은 편이다.	high	혀 양쪽에 침이 고이고 짜릿하게 느껴진다.
		Low	맛이 밋밋하고 힘이 없게 느껴진다.
타닌 Tannin	혀나 잇몸이 까끌까끌하고, 입안이 마르고 조여지는 정도로 구분한다. 타닌은 주로 포도의 껍질과 씨, 줄기에 들어 있으며 뉴 오크통 숙성 시 생성된다.	high	퍽퍽하고 거칠거나 조이는 정도가 강하게 느껴진다.
		low	부드럽게 느껴진다. 화이트 와인 대부분이 low에 해당한다.
무게감 Body	입안에 머금었을 때 액체의 무게감을 의미한다. 당도, 산도, 타닌, 알코올에 의해 결정된다.	Light	물처럼 가볍게 느껴진다.
		Full	우유처럼 꽉 찬 무게감이 느껴진다.
풍미 Flavour	품종, 기후, 숙성 기간 등에 따라 달라지지만 주로 오크통 또는 오크 칩을 첨가하여 숙성할수록 복합미가 느껴진다.	simple	과일, 꽃, 허브, 아로마 위주로 단순하게 느껴진다.
		medium	이스트와 오크 풍미가 추가로 느껴진다.
		complexity	부케 향으로 복합미가 풍부하게 느껴진다.

스낵류

제품명

포카칩 오리지널   금액: 1,500원
특징: 짭조름한 맛과 기름진 맛

와인 페어링

★ **대비 페어링:** 짠맛–신맛, 기름진 맛–짠맛
짠맛을 보완할 수 있는 신선한 산미를 가진 드라이 스파클링 와인

추천 와인

푸두 스파클링(Pudu Sparkling)

국가: 칠레
품종: 샤르도네 60%, 슈냉 블랑 27%,
       피노 누아 13%
알코올: 12%
금액: 14,900원(750ml)

당도	Dry	Sweet
산도	Low	High
타닌	Low	High
바디	Light	Full
풍미	Simple	Complexity

총금액

16,400원

판매처

CU

제품명

허니버터칩   금액: 1,500원
특징: 기존 얇은 감자 스낵에 버터 향을 가미해 달콤한 맛과 짠맛을 믹스매치

와인 페어링

★ 조화 페어링
달콤한 맛과 어울리는 세미 스위트 스파클링 와인

추천 와인

갤로, 모스카토(Gallo, Moscato)

국가: 미국 〉 캘리포니아
품종: 모스카토 100%
알코올: 9%
금액: 3,900원(187ml)

당도	Dry	Sweet
산도	Low	High
타닌	Low	High
바디	Light	Full
풍미	Simple	Complexity

총금액

5,400원

판매처

이마트24

제품명

스윙칩 볶음 고추장맛   금액: 1,500원
특징: 매콤한 맛

와인 페어링

★ **대비 페어링:** 매운맛–단맛

매콤함을 보완해 주는 세미 스위트 스파클링 와인, 화이트 와인 또는 스파이시한 풍미의 미디엄 바디 레드 와인

추천 와인

토마, 스파클링(Toma, sparkling)

국가: 스페인 > 카스티야
품종: 모스카토 100%
알코올: 6%
금액: 8,500원(750ml)

당도	Dry ————●—	Sweet
산도	Low ———●——	High
타닌	Low —●————	High
바디	Light —●———	Full
풍미	Simple —●———	Complexity

총금액

10,000원

판매처

GS25, 세븐일레븐

제품명

버터링 금액: 1,500원
         특징: 달콤한 버터 향이 풍부한 맛

와인 페어링

★ 조화 페어링
오크 터치로 바닐라, 버터 향과 비슷한 풍미를 지닌 신세계 스타일 화이트 와인

추천 와인

롱 반, 샤도네이(Long Barn, Chardonnay)

국가: 미국 〉 캘리포니아
품종: 샤도네이 100%
알코올: 13.5%
금액: 25,000원(750ml)

당도	Dry ●—————————	Sweet
산도	Low ————●————	High
타닌	Low ——●———————	High
바디	Light ————●———	Full
풍미	Simple ——————●—	Complexity

총금액

26,500원

판매처

GS25

제품명

딸기 웨하스 　　金액: 900원
　　　　　　　　특징: 달콤한 딸기 크림과 바삭한 식감

와인 페어링

★ 조화 페어링

딸기 같은 붉은 과실 향이 풍부하고 달콤한 아로마를 가진 세미 스위트–스위트 로제 또는 스파클링 와인

추천 와인

발비 소프라니, 갈라 로사(Balbi Soprani, Gala Rosa)

국가: 이탈리아 〉 피에몬테
품종: 말바지아, 브라케토
알코올: 5.5%
금액: 15,900원(750ml)

총금액

17,400원

판매처

CU

제품명

카라멜 팝콘 　　금액: 1,200원
　　　　　　　　 특징: 달콤한 브라운 캐러멜 맛과 바삭한 식감

와인 페어링

★ 조화 페어링

달콤한 맛을 상승시키는 스위트 스파클링 와인 또는 달콤한 과실의 풍미를 지닌 진판델, 아마로네, 네그로아마로 등의 오프 드라이 레드 와인

추천 와인

칸티, 모스카토 다스티(Canti, Moscato d'Asti)

국가: 이탈리아 〉 피에몬테
품종: 모스카토 100%
알코올: 5.5%
금액: 9,900원(750ml)

당도	Dry	—●—	Sweet
산도	Low	—●—	High
타닌	Low ●—		High
바디	Light	—●—	Full
풍미	Simple	—●—	Complexity

총금액

11,100원

판매처

CU

냉장·냉동식품류

제품명

맥스봉 구운마늘 후랑크
금액: 2,000원
특징: 꼬치류. 은은한 구운 마늘의 풍미와 짭조름한 맛. 부드러운 육질

와인 페어링

★ 대비 페어링: 짠맛−신맛
마늘의 풍미와 잘 어울리는 과실 향이 풍부한 화이트 와인

추천 와인

G7, 샤르도네 (G7, Chardonnay)

국가: 칠레 〉 마울레 밸리
품종: 샤르도네 100%
알코올: 13.5%
금액: 3,900원(187ml)/5,900원
(500ml)/8,900원(750ml)

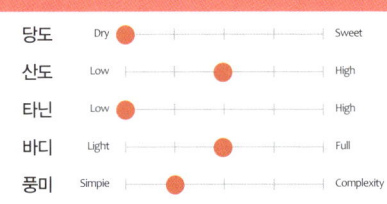

총금액

5,900원

판매처

이마트24

제품명

맥스봉 숯불구이맛 핫바   금액: 2,000원
특징: 꼬치류. 달콤 짭조름한 숯불구이 맛, 탱글탱글 육질

와인 페어링

★ 조화 페어링
숯불 양념의 풍미와 어울리는 붉은 베리류 과실 향 와인. 풍부한 라이트–미디엄 바디의 신대륙 스타일 레드 와인

추천 와인

갤로 패밀리, 메를로(Gallo Family, Merlot)

국가: 미국 〉 캘리포니아
품종: 메를로 100%
알코올: 13%
금액: 3,900원(187ml)

당도	Dry —●———————— Sweet	
산도	Low ————●——— High	
타닌	Low ————●——— High	
바디	Light ————●——— Full	
풍미	Simple ———●———— Complexity	

총금액

5,900원

판매처

이마트24

PART 1 푸드별 와인 추천

제품명

**HEYROO
피자 그라탕**

금액: 3,900원

특징: 즉석식품류. 탱글탱글한 식감의 달콤한 옥수수, 산미가 있는 토마토소스, 고소한 풍미의 치즈, 쫀득쫀득한 마카로니의 조화

와인 페어링

★ 조화 페어링

산미의 밸런스가 좋고, 풍미가 어울리는 붉은 과실 향, 꽃 향, 허브와 향신료 향이 풍부한 미디엄-풀 바디 레드 와인. 이탈리아 산지오베제, 스페인 템프라니요 등

추천 와인

보데가스 밀레니엄, 음!
(Bodegas Milenium, MMM!)

국가: 스페인
품종: 블렌드
알코올: 12%
금액: 6,900원(750ml)

당도	Dry ———●————————	Sweet
산도	Low —————————●—	High
타닌	Low ——————●————	High
바디	Light ———●————————	Full
풍미	Simple ——————●———	Complexity

총금액

10,800원

판매처

CU

제품명

모짜렐라 치즈볼

금액: 7,980원

특징: 즉석식품류. 모차렐라 치즈에 꿀이 더해져 달콤 짭조름하며 기름진 맛

와인 페어링

★ 대비 페어링: 짠맛–신맛, 기름진 맛–짠맛

시트러스 계열의 과실 향과 중간 이상의 산미를 가진 드라이–오프 드라이 스파클링 와인

추천 와인

울프 블라스, 이글호크 퀴베 브뤼
(Wolf Blass, Eaglehawk Cuvee Brut)

국가: 호주 〉 남호주
품종: 피노 누아, 샤르도네
금액: 18,000원(750ml)

당도	Dry ●──────────	Sweet
산도	Low ──────●───	High
타닌	Low ──●───────	High
바디	Light ────●────	Full
풍미	Simple ────●────	Complexity

총금액

25,980원

판매처

이마트24

제품명

머릿고기 수육 금액: 6,500원
특징: 즉석식품류. 부드럽고 담백한 맛

와인 페어링

★ 조화 페어링

삶은 육류와 어울리는 라이트–미디엄 바디 와인. 부드러운 타닌 스타일의 와인. 새우젓을 찍어 먹을 경우에는 중간 이상의 산미를 가진 스타일의 피노 누아, 메를로 등의 레드 와인

추천 와인

꼬모 밸류, 카베르네 소비뇽 리제르바
(Como Value Cabernet Sauvignon Reserva)

국가: 칠레
품종: 카베르네 소비뇽 100%
알코올: 13%
금액: 6,900원(750ml)

당도	Dry ●————————— Sweet
산도	Low ——————●— High
타닌	Low ————●——— High
바디	Light ———●——— Full
풍미	Simple ——●——————— Complexity

총금액

13,400원

판매처

이마트24

제품명

한끼오리 오븐 구이

금액: 6,900원
특징: 즉석식품류. 로즈마리 허브 향, 부드럽고 담백한 맛, 오리 기름

와인 페어링

★ 조화 페어링
시라, 시라즈 등 미디엄 바디, 부드러운 타닌, 향신료, 허브 아로마 풍미의 레드 와인

추천 와인

네이처 사운드 시라즈
(Nature Sound Shiraz)

국가: 호주
품종: 시라즈
알코올: 14%
금액: 12,000원(750ml)

당도	Dry ●—————————	Sweet
산도	Low ————●————	High
타닌	Low ————●————	High
바디	Light ————●————	Full
풍미	Simple ——————●—	Complexity

총금액

18,900원

판매처

GS25

제품명

오감포차 크림새우   금액: 8,900원
특징: 즉석식품류. 부드럽고 새콤달콤한 크림소스

와인 페어링

★ 조화 페어링
잘 익은 과일 향, 오크 풍미, 기름진 맛을 잡아 주는 프레시한 산미의 미디엄 이상 바디의 화이트 와인 또는 스파클링 와인

추천 와인

옐로우 테일 샤도네이
(Yellow Tail, Chardonnay)

국가: 호주
품종: 샤도네이 100%
알코올: 13%
금액: 4,500원(187ml)/17,000원(750ml)

당도	Dry ●————————— Sweet	
산도	Low —————●——— High	
타닌	Low ●————————— High	
바디	Light ————●——— Full	
풍미	Simple ————●——— Complexity	

총금액

13,400원

판매처

세븐일레븐

건식품·디저트류

제품명

허니버터 아몬드   금액: 2,000원
특징: 달콤하고 고소한 허니 버터 맛

와인 페어링

★ 조화 페어링

열대과일, 잘 익은 과실 향, 바닐라와 버터 향이 풍부한 세미 스위트–스위트 화이트 와인 또는 스파클링 와인

추천 와인

운두라가, 스파클링 드미 섹
Undurraga, Sparkling Demi Sec

국가: 칠레 〉 아콩카과
품종: 샤도네이 60%, 피노 누아 40%
알코올: 12%
금액: 15,000원(750ml)

총금액

17,000원

판매처

이마트24

제품명

상상 비프&치즈　　금액: 5,500원
　　　　　　　　　　특징: 육향과 고소하고 담백한 치즈 맛의 조화

와인 페어링

★ 조화 페어링

검붉은 과실 향이 풍부하고 부드러운 타닌 스타일의 와인, 미디엄 바디의 신대륙 스타일 레드 와인

추천 와인

푸두 카베르네 소비뇽 시라즈
(Pudu Cabernet Sauvignon Shiraz)

국가: 칠레 〉 센트럴 밸리
품종: 카베르네 소비뇽 51%, 시라 49%
알코올: 12%
금액: 3,900원(250ml)/11,500원(750ml)

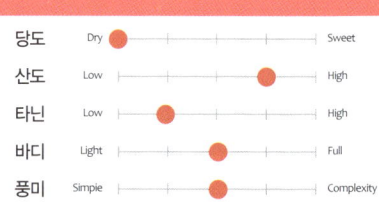

총금액

9,400원

판매처

CU

제품명

생크림 딸기샌드   금액: 2,800원
특징: 딸기와 생크림의 조화로 부드럽고 달콤 상큼한 맛

와인 페어링

★ 조화 페어링
딸기 같은 붉은 과실 향이 풍부하고 달콤한 스타일의 로제 와인

추천 와인

칸티, 핑크 블라썸 스위트 로제
(Canti, Pink Blossom Sweet Rose)

국가: 이탈리아 〉 피에몬테
품종: 브라케토 100%
알코올: 5.5%
금액: 9,900원(750ml)

당도	Dry ———●—	Sweet
산도	Low ——●—	High
타닌	Low ●———	High
바디	Light —●——	Full
풍미	Simple —●——	Complexity

총금액

12,700원

판매처

CU

제품명

하겐다즈 바닐라 미니　　금액: 4,800원
　　　　　　　　　　　　특징: 달콤한 바닐라 맛 디저트

와인 페어링

★ 조화 페어링

오크 숙성한 바닐라 향과 버터 향이 풍부한 미국 스타일의 드라이 화이트 와인, 아마로네 기법의 레드 와인 또는 주정 강화 와인

추천 와인

그랑 파시오네 로쏘
(GRAN PASSIONE ROSSO)

국가: 이탈리아 〉 베네토
품종: 메를로 60%, 코르비나 40%
알코올: 14%
금액: 32,000원(750ml)

당도	Dry ———●————— Sweet	
산도	Low —————●—— High	
타닌	Low ———●——— High	
바디	Light ———●——— Full	
풍미	Simple —————●— Complexity	

총금액

36,800원

판매처

GS25

편의점 재료로 만드는 와인 안주

24시간 열려 있는 편의점에서도 훌륭한 와인 안주 재료를 살 수 있다. 다양한 미니 치즈, 크래커, 아이스크림, 건과류 등은 와인에 곁들이기 좋은 재료다. 그리고 요즘에는 일품요리도 간편식으로 나와서 활용하기 좋다. 비교적 저렴한 가격으로 최고의 안주를 만들어 추천 와인과 함께하자.

크래미 카나페

조리 시간	5분
재료	크래미아(2,200원), 아이비(1,200원)
만드는 법	1. 아이비를 꺼내 플레이트 위에 올린다. 2. 크래미아 샐러드를 한 스푼 떠서 아이비 위에 올린다.
와인 페어링	★ 조화 페어링 신선하고 잘 익은 과일 향, 바닐라, 버터 등 오크 터치의 풍미, 미네랄이 풍부한 화이트 와인 또는 스파클링 와인

추천 와인

로트캡션, 로제 섹
(Rotkäppchen, Rosé Sec)

국가: 독일
품종: 글레라
금액: 15,900원(750ml)

당도	Dry ●—————	Sweet
산도	Low —————●	High
타닌	Low ●—————	High
바디	Light —●———	Full
풍미	Simple —●———	Complexity

총금액	19,300원	판매처	GS25

브리 치즈 구이

조리 시간	15분
재료	일 드 프랑스 미니 브리(8,900원), 견과류 믹스(4,800원), 꿀젤리(2,000원)
만드는 법	1. 오븐 또는 에어프라이용 그릇 위에 미니 브리를 올린다. 2. 포크로 미니 브리 윗부분을 콕콕 찍어 구멍을 낸다. 3. 브리 위에 꿀젤리를 올린다. 4. 견과류는 먹기 좋게 다져서 꿀 위에 올린다. 5. 180도로 예열한 오븐 또는 에어프라이기에 10분 정도 굽는다.
와인 페어링	★ 조화 페어링 견과류, 오크, 카카오 초콜릿 아로마의 드라이-오프 드라이 레드 와인 또는 세미 스위트 화이트 와인, 로제 와인, 스파클링 와인
추천 와인	**앙시앙땅 카베르네시라** (Anciens Temps Cabernet Syrah) 국가: 프랑스 〉 랑그독 루시옹 품종: 카베르네 소비뇽 50%, 시라 50% 금액: 14,900원(750ml)
총금액	30,600원

당도	Dry ●		Sweet
산도	Low	●	High
타닌	Low	●	High
바디	Light	●	Full
풍미	Simple	●	Complexity

판매처: CU

소시지 나초 피자

조리 시간	15분
재료	나초 큐브 콤보 2개(5,000원), 치즈듬뿍 맥앤피자(4,300원), 의성 마늘 프랑크(2,000원), 슈레드 피자치즈(1,000원)
만드는 법	1. 오븐 또는 에어프라이용 그릇 위에 나초를 깐다. 2. 나초 위에 프랑크 소시지를 0.5cm 정도 얇게 슬라이스해 반만 올린다. 3. 맥앤피자 소스로 덮는다. 4. 소스 위에 남은 소시지를 올리고 피자치즈 가루를 골고루 뿌린다. 5. 180도로 예열한 오븐 또는 에어프라이기에 10분 정도 굽는다.
와인 페어링	★ 조화 페어링 중간 산미 이상의 미디엄 레드 와인
추천 와인	**피치니 키안티**(Piccini, Chianti) 국가: 이탈리아 〉 토스카나 품종: 산지오베제 95%, 카나이올로 5% 금액: 7,000원(375ml)/ 16,000원(750ml) 당도: Dry ●———————— Sweet 산도: Low ——————●— High 타닌: Low ————●—— High 바디: Light ————●—— Full 풍미: Simple ————●—— Complexity
총금액	19,300원
판매처	이마트24

와인 & 배달 안주 페어링

사회적 거리두기가 장기화되면서 배달 음식의 수요가 많아졌다. 그리고 이제는 파인 다이닝과 맛집 배달도 가능해지며 집에서 와인과 그에 맞는 배달 안주를 즐길 수 있게 되었다. 이번 챕터에서는 대표적인 배달 메뉴와 그에 어울리는 와인 페어링을 소개한다. 다양한 양념 베이스에 진한 맛이 주를 이루는 한식, 다양한 시즈닝의 치킨, 갖가지 향신료의 풍미가 느껴지는 중식, 담백한 맛이 일품인 일식 등으로 나누어 다룬다.

한식

보쌈

특징	돼지고기를 육수에 삶아 기름기를 뺀 담백한 고기. 새우젓이나 쌈장, 야채와 함께 먹는다. 중국의 동파육과 비슷하다.
	★ 대비 페어링: 새우젓만 찍어 먹는 경우 ★ 조화/대비 페어링: 새우젓과 백김치를 함께 먹는 경우 ★ 조화 페어링: 쌈장과 마늘을 함께 먹는 경우/쌈장과 붉은 김치를 함께 먹는 경우
와인 페어링	1. 새우젓만 찍어 먹는 경우에는 누린내가 잡힌 깔끔한 고기에 새우젓의 짭조름한 맛을 즐길 수 있다. 산도가 중간 이상인 스파클링 와인 또는 화이트 와인을 추천한다. 2. 백김치를 곁들일 때는 감칠맛을 살릴 수 있는 신선한 산미와 효모 향의 내추럴 로제 와인 또는 리슬링을 추천한다. 단맛과 짠맛 대비 페어링에도 잘 어울린다. 3. 쌈장은 발효 숙성된 식품이어서 농축미와 바디감이 있다. 신선한 산미, 붉은 과실과 오크 등의 복합적인 풍미, 부드러운 타닌의 스파이시 터치 레드 와인을 추천한다. 마늘과도 잘 어울린다. 4. 쌈장과 김치를 함께 곁들이면 쌈장만 곁들일 때보다 더욱 풍미와 바디감이 있다. 잘 익은 과실 풍미와 오크 숙성을 통한 토스티한 부케, 부드러운 타닌, 중간 이상 바디감의 레드 와인을 추천한다.
추천 와인	• 스파클링 와인: 스푸만테, 카바, 펫낫 ★대비ⓟ • 화이트 와인: 리슬링 ★대비ⓟ • 레드 와인: 산지오베제, 템프라니요, 메를로 등 ★조화ⓟ
피해야 할 와인	쉐리, 포트 등 주정 강화 와인, 알코올 도수가 높고 풍미가 너무 강한 와인

족발

특징	간장과 생강, 설탕, 파, 마늘 등의 양념 육수에 오랜 시간 삶아 부드럽고 쫀득쫀득한 식감의 고기. 담백한 맛이 일품이다. 독일 슈바인학센, 오스트리아 슈텔체, 일본 돈소쿠와 비슷하다.
와인 페어링	★ 조화/대비 페어링 보쌈과 비슷하게 페어링할 수 있다. 그중 쌈장과 마늘을 함께 먹을 경우에는 입안을 깔끔하게 정리해 주는 신선한 산미의 와인을 페어링한다. 수비드 요리와도 잘 어울리는 풍부한 과실 향, 발사믹, 오크 등의 풍미, 스파이시 아로마, 부드러운 타닌의 레드 와인도 추천한다.
추천 와인	• 스파클링 와인: 크레망, 스푸만테 ★대비ⓟ • 화이트 와인: 리슬링 ★대비ⓟ • 레드 와인: 피노 누아, 그르나슈, 메를로, 바르베라 등 ★조화ⓟ
피해야 할 와인	말벡, 진판델, 시라즈, 네그로아마로, 아마로네 등 풍미가 진하고 풀바디 스타일의 레드 와인

* **그르나슈(Grenache)**: 스페인에서는 가르나차(Garnacha)라고 한다. 프랑스 론 지역과 스페인에서 주로 생산되며 연한 컬러의 와인으로 붉은 과실 향, 향신료, 가죽 아로마, 부드러운 타닌, 알코올 도수가 높은 스타일이다.

* **바르베라(Barbera)**: 이탈리아 피에몬테 지역에서 주로 생산되는 와인으로 마시기 편한 스타일이다. 산미가 높고 짙은 컬러에 베리, 향신료, 감초 아로마, 중간 이상 바디감의 스타일이다.

순대

특징	소나 돼지의 창자 속에 선지와 당면 등의 재료를 넣어 삶거나 찐 음식으로, 탱글탱글한 식감과 담백하고 고소한 맛이 일품이다. 프랑스의 부댕, 스페인의 모르시야, 독일의 블루트부르스트와 비슷하다.
와인 페어링	★ **조화 페어링** 유럽은 순대와 같은 요리가 많아 와인을 페어링이 생활화되어 있다. 우리나라의 순대도 멋진 와인 안주다. 선지의 비린내를 잡고, 소금을 찍었을 때 짭조름한 맛까지 커버할 수 있는 신선한 산미와 풍부한 과실 향, 허브와 향신료 풍미, 부드러운 타닌의 레드 와인을 추천한다. 간을 곁들일 때는 바디감과 풍미가 더 묵직한 레드 와인도 좋다.
추천 와인	피노 누아, 프랑스 남부 론 CDP, 산지오베제, 메를로, 카베르네 소비뇽
피해야 할 와인	진판델, 네그로아마로, 아마로네 등 풍미가 진하고 풀 바디 스타일의 레드 와인

* **CDP(Châteauneuf-du-pape 샤또네프 뒤 빠쁘)**: 프랑스 남부 론 샤토네프 뒤 파프 지역에서 13가지 품종을 블랜딩하여 만든 와인으로, 풀 바디, 검붉은 과실 향, 스파이시 아로마를 가진 복합미가 뛰어나다.

간장 찜닭

특징	짭조름한 간장과 달콤한 양념, 고추의 약한 매운맛이 느껴지는 요리. 프랑스의 코코뱅, 필리핀의 치킨 아도보, 중국의 지궁바오와 비슷하다.
와인 페어링	★ 조화 페어링 찜 요리는 양념이 재료의 속까지 배어 깊은 맛이 난다. 풍부한 과실향, 향신료, 부드러운 타닌, 중간 이상 바디감의 레드 와인을 추천한다. 닭과 감자, 당면을 한번에 즐긴다면 풀 바디에 가까운 레드 와인을 선택하고, 매콤한 스타일이라면 잔당감이 있는 레드 와인도 좋다.
추천 와인	• 레드 와인: 시라, 시라즈, 네로 다볼라, 네그로아마로 등 • 화이트 와인: 리슬링
피해야 할 와인	피노 누아, 가메 등 섬세하고 라이트 바디 스타일의 드라이 레드 와인

* **네로 다볼라**(Nero d'Avola): 이탈리아 시칠리아의 토착 품종으로 짙은 컬러, 풀 바디, 검은 과실, 감초, 초콜릿 아로마, 도수가 높은 알코올과 타닌의 와인이다.

* **네그로아마로**(Negro Amaro): 이탈리아 풀리아 지역에서 자라며 짙은 컬러, 검은 과실 향, 향신료, 오크, 초콜릿 등 풍부한 아로마, 도수가 높은 알코올과 타닌, 약간의 잔당감이 느껴지는 스타일이다.

떡볶이

특징	쫄깃한 식감에 담백한 떡과 매콤 달콤한 소스 맛의 요리이다.
맵기	★★☆☆☆
와인 페어링	★ 조화/대비 페어링 매운 요리를 먹을 때 쿨피스를 찾듯 와인도 달달한 스타일을 페어링하는 것이 좋다. 너무 매워 입안을 중화시켜야 한다면 화이트 와인이나 세미 스위트 로제 와인을 페어링하고, 매콤함을 더 즐기고 싶다면 과실 향이 풍부하고 부드러운 타닌 스타일의 오프 드라이 와인, 묵직한 레드 와인을 추천한다. 내추럴 와인도 고추장의 숙성 향과 잘 어울린다.
추천 와인	• 화이트 와인: 리슬링 ★대비ⓟ • 로제 와인: 로제 펫낫, 브라케토, 람부르스코 등 ★대비ⓟ • 레드 와인: 네그로아마로, 아파시멘토 기법 와인 등 ★조화ⓟ
피해야 할 와인	카베르네 소비뇽, 말벡, 바롤로, 시라, 진판델 등 타닌 성분이 많고 알코올 도수가 높은 스타일의 드라이 레드 와인

* **아파시멘토(Appassimento)**: 이탈리아 베네토 지역에서 포도를 자연 건조해 당분과 풍미를 끌어올린 기법으로 만든 와인이다. 레초토(Recioto)와 아마로네(Amarone)가 대표 와인이다.

제육볶음

특징	고춧가루 또는 고추장 베이스에 매콤 달콤한 양념과 불 향을 입혀 볶은 스모키하고 고소한 맛의 요리이다.
맵기	★★☆☆☆
와인 페어링	★ 조화 페어링 일반 제육볶음은 과실 향과 산미, 향신료의 풍미, 중간 정도의 타닌, 미디엄 바디, 드라이 로제 와인을 추천한다. 불 향을 입혔다면 오크 숙성을 통해 토스트, 버섯, 스모키 부케의 레드 와인 또는 화이트 와인도 좋다.
추천 와인	• **스파클링 와인/화이트 와인:** 미국 샤도네이, 펫낫 등 • **로제 와인/레드 와인:** 미국 피노 누아, 메를로, 까르미네르 등 드라이-세미 스위트 로제 와인
피해야 할 와인	카베르네 소비뇽, 말벡, 바롤로, 시라, 진판델 등 타닌 성분이 많고 알코올 도수가 높은 스타일의 드라이 레드 와인

---

* **까르미네르(Carmenere):** 칠레의 대표 품종으로 붉은 과실 향, 허브, 스파이시 아로마, 부드러운 타닌, 미디엄 바디를 가진 와인이다.

야채 곱창

특징	순대에 양배추, 깻잎 등을 넣어 매콤하게 불 맛을 입혀 볶아낸 요리이다.
맵기	★★★☆☆
와인 페어링	★ 조화/대비 페어링 깻잎의 풍미와 어울리는 허브와 야채 아로마의 레드 와인을 추천한다. 신선한 과실 향과 후추, 스모키 부케의 레드 와인, 프레시한 스파클링 와인도 어울린다.
추천 와인	• 스파클링 와인: 카바, 세미 스위트 스파클링 등 • 레드 와인: 프랑스 론 CDP, 까리냥, 산지오베제(끼안티클라시코), 바르베라
피해야 할 와인	카베르네 소비뇽, 말벡, 바롤로, 시라, 진판델 등 타닌 성분이 많고 알코올 도수가 높은 스타일의 드라이 레드 와인

* **카리냥**(Carignan): 프랑스 랑그독 루시옹에서 주로 생산되는 품종으로 짙은 컬러, 검붉은 과실 향, 향신료, 흙, 육향 아로마, 미디엄 바디, 중간 이상의 타닌과 산미를 가진 와인이다.

닭발

특징	매콤한 고춧가루 또는 고추장 양념 베이스에 숯불 향을 입힌 스모키하고 고소한 맛의 요리이다.
맵기	★★★☆☆
와인 페어링	★ 조화/대비 페어링 매콤함을 잡아 주는 달콤하고 과실 향이 풍부한 화이트 와인 또는 로제 와인을 추천한다. 풍부한 과실 향과 오크 숙성을 통한 토스티, 스모키 풍미, 부드러운 타닌, 미디엄 바디, 알코올의 밸런스가 좋은 레드 와인도 좋다.
추천 와인	• 스파클링 와인/화이트 와인: 리슬링, 펫낫, 스위트 비앙코 • 로제 와인: 브라케토, 스위트 로제 등
피해야 할 와인	카베르네 소비뇽, 말벡, 바롤로, 시라, 진판델 등 타닌 성분이 많고 알코올 도수가 높은 스타일의 드라이 레드 와인

* **브라케토**(Brachetto): 이탈리아 피에몬테 지역에서 생산되는 품종으로 딸기처럼 붉은 과실 향 위주의 달콤하고 편하게 마실 수 있는 스타일의 와인이다.

* **비앙코**(Bianco): 이탈리아어로 '화이트 와인'이라는 뜻이며 드라이-스위트까지의 다양한 당도와 스타일로 만들어진다.

치킨

프라이드치킨

특징	기름에 튀겨 바삭바삭한 식감과 부드럽게 퍼지는 육즙이 특징이다.
와인 페어링	★ 대비 페어링 기름의 느끼함을 잡아 주고, 크리스피한 식감과 고소한 맛과 균형을 이루기 위해 산미와 미네랄이 풍부한 스타일의 화이트 와인 또는 스파클링 와인을 추천한다.
추천 와인	• **스파클링 와인**: 샴페인, 크레망, 까바, 스푸만테, 프로세코 등 • **화이트 와인**: 샤르도네, 그뤼너벨트리너
피해야 할 와인	카베르네 소비뇽, 말벡, 진판델, 시라, 진판델 등 검은 과실 풍미 위주의 무게감 있는 풀 바디 레드 와인

---

* **그뤼너벨트리너**(Grüner Veltliner): 오스트리아의 대표적인 화이트 와인으로 높은 산도, 시트러스, 핵과류, 허브 스파이시 아로마, 라이트 바디 와인이다.

양념치킨

특징	한국인이 좋아하는 매콤 달콤한 맛이 특징이다.
와인 페어링	★ 조화/대비 페어링 짙은 소스와 밸런스를 맞춘다면 중간 이상의 바디, 신선한 산미, 과실 향이 풍부한 레드를 선택하고, 매콤함을 잡아 주고 싶다면 당도가 있는 화이트나 로제 와인을 추천한다.
추천 와인	• 화이트 와인: 리슬링 ★대비ⓟ • 로제 와인: 브라케토, 세미 스위트 로제, 로제 펫낫 ★대비ⓟ • 레드 와인: 산지오베제, 템프라니요 ★조화ⓟ
피해야 할 와인	피노 누아, 가메 등 섬세하고 라이트 바디 스타일의 드라이 레드 와인

간장치킨

특징	간장소스의 짭조름하고 풍부한 맛이 특징이다.
와인 페어링	★ 대비 페어링 간장의 짠맛과 기름기를 잡아 주는 신선한 산미와 미네랄이 풍부한 드라이 스파클링 와인 또는 약간의 당도가 있는 스파클링 와인을 추천한다.
추천 와인	샴페인, 크레망, 까바, 모스카토 등
피해야 할 와인	진판델, 네그로아마로, 아마로네 등 진한 풍미, 알코올 도수 높고 묵직한 풀 바디 스타일의 레드 와인

허니 치킨

특징	달콤한 꿀 맛이 특징이다.
와인 페어링	★ **조화/대비 페어링** 강한 단맛은 신맛과 짠맛이 잡아 주므로 산미와 미네랄이 풍부하고 과일 향, 꽃 향이 풍부한 드라이 화이트 와인을 추천한다. 조화 페어링을 한다면 스위트 화이트 와인 또는 스파클링 와인이 좋다.
추천 와인	• **스파클링 와인:** 모스카토, 스위트 비앙코 등 ★조화ⓟ • **화이트 와인:** 샤르도네, 그뤼너벨트리너, 비오니에, 리슬링 ★대비/조화ⓟ
피해야 할 와인	피노 누아, 카베르네 소비뇽, 말벡, 바롤로, 진판델, 아마로네 등 섬세하거나 반대로 너무 강한 스타일의 드라이 레드 와인

---

* **비오니에(Viognier):** 프랑스 론 북부 지역이 원산지로 최근에는 호주와 미국에서도 생산한다. 오렌지, 복숭아, 살구 등의 풍부한 과실 향과 장미 등 꽃 향, 크리미한 질감을 가진 와인이다.

스파이스 치킨

특징	튀김옷에 청양고추를 갈아 알싸한 매콤한 맛을 내고 겉은 바삭하고 속은 촉촉하다.
와인 페어링	★ **대비 페어링** 매운맛을 완화하는 달콤한 화이트 와인이나 스파클링 와인을 추천한다.
추천 와인	• **스파클링 와인**: 모스카토, 스위트 비앙코, 펫낫 등 • **화이트 와인**: 리슬링, 게뷔르츠트라미너 • **로제 와인**: 브라케토, 핑크 모스카토, 화이트 진판델, 로제 펫낫
피해야 할 와인	카베르네 소비뇽, 말벡, 바롤로, 시라, 진판델 등 타닌 성분이 많고 알코올 도수가 높은 스타일의 레드 와인

중식

짜장면

특징	짭조름한 춘장 소스를 느낄 수 있는 기름지고 고소한 맛의 요리이다.
와인 페어링	★ 조화 페어링 춘장의 진한 맛과는 잘 익은 과실 향, 부드러운 타닌, 무게감이 느껴지는 진한 스타일의 레드 와인이 잘 어울린다. 사천 짜장처럼 매콤한 요리라면 스파이시한 향신료의 풍미가 느껴지는 레드 와인을 추천한다. 춘장이 담백하다면 약간의 당도가 있는 화이트 와인이나 스파클링 와인이 좋다.
추천 와인	• **스파클링 와인:** 모스카토, 스위트 비앙코 등 세미 스위트 스파클링 • **화이트 와인:** 리슬링 • **레드 와인:** 진판델, 시라즈
피해야 할 와인	피노 누아, 가메, 산지오베제 등 섬세하고 라이트 바디, 산미가 너무 높은 스타일의 와인

탕수육

특징	새콤달콤한 소스에 바삭한 튀김옷 속 부드럽고 담백한 고기를 느낄 수 있는 요리이다.
와인 페어링	★ 조화 페어링 기름에 튀긴 고기에 새콤달콤한 소스를 찍어 먹는다면, 잘 익은 과실 향의 신선한 산미, 중간 정도의 바디감을 가진 레드 와인을 추천한다.
추천 와인	산지오베제, 템프라니요, 메를로, 까르미네르 등
피해야 할 와인	가메, 피노 누아 등 섬세하고 라이트 바디의 드라이 레드 와인

깐풍기

특징	튀긴 닭고기에 매콤하고 짭짤하며 새콤한 맛을 즐길 수 있는 요리이다.
와인 페어링	★ 대비 페어링 다양한 향신료의 향과 맛을 느낄 수 있는 소스와는 과일, 허브, 스파이시 등의 풍부한 향이 느껴지는 이국적인 아로마의 화이트 와인을 추천한다. 매콤한 맛을 잡아 주는 세미 스위트 로제 와인, 스파클링 와인도 잘 어울린다.
추천 와인	• 스파클링 와인/로제 와인: 모스카토, 세미 스위트 로제, 로제 펫낫 등 • 화이트 와인: 게뷔르츠트라미너, 리슬링
피해야 할 와인	피노 누아, 카베르네 소비뇽, 말벡, 바롤로, 시라, 진판델 등 섬세하거나, 타닌 성분이 많고 알코올 도수가 높은 스타일의 드라이 레드 와인

유린기

특징	닭고기튀김과 야채에 매콤하면서 새콤달콤한 간장소스가 어우러진 요리이다.
와인 페어링	★ 조화 페어링 새콤한 소스, 강한 향신료와 어울리는 풍부한 과일 향, 허브, 야채, 은은한 스파이시 향의 화이트 와인 또는 로제 와인, 스파클링 와인을 추천한다.
추천 와인	• **스파클링 와인/로제 와인**: 까바, 세미 스위트 로제, 로제 펫낫 등 • **화이트 와인**: 소비뇽 블랑, 비오니에, 게뷔르츠트라미너
피해야 할 와인	피노 누아, 카베르네 소비뇽, 말벡, 바롤로, 시라, 진판델 등 섬세하거나, 타닌 성분이 많고 알코올 도수가 높은 스타일의 드라이 레드 와인

일식

일본식 돈가스

특징	바삭한 튀김옷과 담백하고 부드러운 돼지고기의 일본식 돈가스이다.
와인 페어링	★ 대비 페어링 돼지고기의 누린내와 기름기를 잡아 주고 담백한 맛과 어울리는 시트러스와 사과, 배 등의 풍부한 과실 향, 백후추, 미네랄, 산도가 높은 스타일의 화이트 와인 또는 스파클링 와인을 추천한다.
추천 와인	• 스파클링 와인: 까바, 스푸만테, 프로세코 등 • 화이트 와인: 그뤼너벨트리너
피해야 할 와인	카베르네 소비뇽, 말벡, 바롤로, 시라, 진판델 등 묵직하고, 타닌, 알코올 도수가 높은 스타일의 레드 와인

생선가스

특징	바삭한 튀김옷의 담백하고 부드러운 생선튀김으로 타르타르소스와 찰떡궁합이다.

★ 조화 페어링

와인 페어링	타르타르소스를 찍어 먹는 생선가스와는 잘 익은 과일 향, 오크 숙성을 통한 바닐라, 버터 같은 아로마와 부드러운 텍스처, 신선한 산도, 무게감이 있는 드라이-오프 드라이 화이트 와인 또는 스파클링 와인을 추천한다.
추천 와인	• 스파클링 와인: 모스카토, 스파클링 등 • 화이트 와인: oked 샤르도네(미국, 호주 등), 리슬링
피해야 할 와인	카베르네 소비뇽, 말벡, 바롤로, 시라, 진판델 등 묵직하고, 타닌, 알코올 도수가 높은 스타일의 레드 와인

붉은살 생선회

특징	연어, 참치, 방어회 등이 붉은살 생선에 속한다. 고소하고 진한 풍미와 기름기를 느낄 수 있다.
와인 페어링	★ 조화/대비 페어링 생선회의 기름기를 잡기 위해서는 신선한 산미와 미네랄이 풍부하고, 잘 익은 복숭아, 살구, 꽃 향이 풍부한 스타일의 화이트 와인 또는 로제 와인, 스파클링 와인을 추천한다. 레드 와인을 페어링한다면 타닌이 강하지 않고 산미가 높은 스타일을 추천한다.
추천 와인	• **스파클링 와인/로제 와인:** 로제, 까바, 스파클링 • **화이트 와인:** 샤르도네, 피노 그리 • **레드 와인:** 가메, 피노 누아, 산지오베제 등
피해야 할 와인	카베르네 소비뇽, 말벡, 바롤로, 시라 등 묵직하고, 타닌, 알코올 도수가 높은 스타일의 레드 와인

---

* **가메(Gamay):** 프랑스 보졸레 지역에서 주로 생산되며 붉은 과실 향, 꽃 향 아로마, 높은 산도, 적은 타닌을 가진 라이트 바디 와인이다.

흰살 생선회

특징	광어, 우럭 등이 흰살 생선에 속한다. 섬세한 풍미, 고소하고 깔끔한 맛이 특징이다.
와인 페어링	★ 조화/대비 페어링 생선의 비린내를 잡는 산미가 높고 풍부한 미네랄, 레몬, 라임 등의 시트러스, 허브, 플로럴 아로마의 화이트 와인 또는 스파클링 와인을 추천한다.
추천 와인	• 스파클링 와인: 뮈스카데, 크레망, 까바 등 • 화이트 와인: 샤르도네, 소비뇽 블랑, 슈냉 블랑, 드라이 소아베 등
피해야 할 와인	카베르네 소비뇽, 말벡, 바롤로, 시라, 진판델 등 묵직하고, 타닌, 알코올 도수가 높은 스타일의 레드 와인

양식

토마토 해산물 파스타

특징	새우, 관자 등 해산물이 들어간 토마토소스 파스타이다.
와인 페어링	★ **조화 페어링** 해산물 베이스의 토마토 파스타는 스파클링 와인, 화이트 와인, 드라이 로제 와인, 레드 와인까지 모두 잘 어울린다. 단, 레드 와인을 페어링할 때는 미디엄 이상의 바디, 신선한 산미, 붉은 과실 향, 중간 정도 타닌의 레드 와인을 추천한다.
추천 와인	• **스파클링 와인**: 스푸만테, 까바 • **화이트 와인**: 소아베, 샤르도네 • **로제 와인/레드 와인**: 드라이 로제, 산지오베제(키안티, 로쏘 디 몬탈치노)
피해야 할 와인	카베르네 소비뇽, 말벡, 바롤로, 시라, 진판델 등 묵직하고, 타닌, 알코올 도수가 높은 스타일의 레드 와인

미트 파스타

특징	육류가 들어간 미트볼 파스타, 라구라자냐 등 토마토소스 베이스의 파스타이다.
와인 페어링	★ 조화 페어링 육류가 들어간 토마토소스 베이스의 파스타는 중간 이상의 타닌과 바디, 신선한 산미, 풍부한 과실 향, 허브, 향신료 풍미의 강한 레드 와인을 추천한다. 아라비아타처럼 매콤한 파스타라면 잔당감이 있는 묵직한 스타일의 레드 와인 또는 세미 스위트 스파클링 와인도 좋다.
추천 와인	〈맵지 않은 스타일〉 ★조화ⓟ • 레드 와인: 메를로, 카베르네 소비뇽, 산지오베제(키안티, 로쏘 디 몬탈치노), 몬테풀치아노 다브루쪼, 바르베라 〈매운 스타일〉 ★대비ⓟ • 스파클링 와인: 모스카토, 브라케토, 람부르스코 • 레드 와인: 시라즈, 진판델, 프리미티보, 네로 다볼라 등
피해야 할 와인	가메, 피노 누아 등 섬세하고 라이트 바디의 드라이 레드 와인

* **몬테풀치아노(MONTEPULCIANO)**: 이탈리아 아브루쪼 지역에서 생산되며 검붉은 과실 향, 허브, 감초, 향신료 아로마, 중간 이상 타닌과 바디감을 지닌 와인이다.

크림 파스타

특징	치즈 베이스의 크리미한 파스타로 까르보나라가 대표적이다.
와인 페어링	★ **조화 페어링** 크림의 풍미를 돋우는 와인을 추천한다. 오크 숙성한 중간 이상의 바디, 부드러운 텍스처, 바닐라, 버터, 견과류, 잘 익은 과일의 풍미의 화이트 와인 또는 가볍고 부드러운 스타일의 레드 와인이 잘 어울린다.
추천 와인	• **화이트 와인**: oked 샤도네이, 리슬링 • **레드 와인**: 가메, 피노 누아, 그르나슈, 메를로 등
피해야 할 와인	소비뇽 블랑 등 영하고 라이트한 화이트 와인

오일 파스타

특징	봉골레, 알리오올리오 파스타 등이 오일 파스타에 속한다.
와인 페어링	★ **조화/대비 페어링** 조개의 비린 맛과 마늘 풍미, 오일리함에 어울리는 라이트 바디, 프레시한 산미, 풍부한 미네랄, 신선한 과일과 야채의 향이 풍부한 화이트 와인 또는 스파클링 와인을 추천한다.
추천 와인	• **화이트 와인**: 소아베, 샤도네이, 피노 그리, 소비뇽 블랑, 비앙코, 알자스 리슬링, 뮈스카데 • **스파클링 와인**: 스푸만테, 프리잔테, 프란치아코르타, 펫낫 등
피해야 할 와인	oked 샤도네이, 카베르네 소비뇽, 말벡, 시라, 진판델 등 묵직한 화이트 와인, 레드 와인

* **피노 그리**(Pinot Gris) : 이탈리아에서는 피노 그리지오라고 한다. 프랑스 알자스와 이탈리아에서 많이 생산한다. 사과, 복숭아 등의 핵과류, 꽃 아로마, 신선한 산미, 라이트 바디의 와인이다.

아시아 요리

팟타이(태국)

특징	태국식 볶음 쌀국수. 쌀국수, 새우, 두부, 숙주, 땅콩 등이 들어가며, 피시소스가 새콤달콤하고 짭짤한 맛을 낸다.
와인 페어링	★ 조화/대비 페어링 향이 강하고 자극적인 태국 요리에는 다양한 양념의 맛을 해치지 않는 스파클링 와인이 제격이다. 땅콩의 풍미와 어울리는 오크 터치의 화이트 와인도 추천한다. 매콤한 팟타이라면 세미 스위트 스파클링 와인 또는 오프 드라이 와인도 좋다.
추천 와인	• 스파클링 와인: 샴페인, 스푸만테, 까바 ★조화ⓟ • 로제 와인: 브라케토, 람부르스코 ★대비ⓟ • 화이트 와인: 리슬링, 샤르도네, 게뷔르츠트라미너 등 ★조화/대비ⓟ
피해야 할 와인	카베르네 소비뇽, 말벡, 바롤로, 시라, 진판델 등 묵직하고, 타닌, 알코올 도수가 높은 스타일의 레드 와인

푸 팟 퐁 커리(태국)

특징	튀긴 소프트쉘 크랩에 야채, 카레 가루, 달걀, 코코넛밀크 등을 넣어 끓인 부드럽고 고소한 맛의 요리이다.
와인 페어링	★ 조화 페어링 다양한 양념의 맛을 보완하고 무게감 있는 텍스처와 어울리는 열대 과일 향과 풍부한 오크치의 풍미, 중간 이상의 바디감을 지닌 드라이-오프 드라이 스파클링 와인 또는 화이트 와인을 추천한다.
추천 와인	• 화이트 와인: oked 샤르도네, 리슬링, 게뷔르츠트라미너, 비오니에, 알바리뇨 • 스파클링 와인: 모스카토 등
피해야 할 와인	카베르네 소비뇽, 말벡, 바롤로, 시라, 진판델 등 묵직하고, 타닌, 알코올 도수가 높은 스타일의 레드 와

* **알바리뇨**(Albariño): 스페인 갈라시아의 리아스 바이사스에서 자라는 품종으로 시트러스, 핵과류, 화이트 플라워 아로마, 풍부한 미네랄, 높은 산도를 지닌 와인이다.

분짜(베트남)

특징	쌀국수에 직화한 고기, 채소, 소스, 라임 즙을 섞어 비벼 먹는 새콤달콤한 맛의 베트남 요리이다.
와인 페어링	★ **조화 페어링** 새콤달콤한 맛의 고기, 야채와 어울리는 청량한 과일, 야채, 허브, 꽃향의 풍부한 아로마, 라이트–미디엄 바디 스파클링 와인 또는 화이트 와인을 추천한다.
추천 와인	• **스파클링 와인**: 샴페인, 스푸만테, 까바, 펫낫 • **화이트 와인**: 소비뇽 블랑, 피노 그리, 게뷔르츠트라미너 등
피해야 할 와인	카베르네 소비뇽, 말벡, 바롤로, 시라, 진판델 등 묵직하고, 타닌, 알코올 도수가 높은 스타일의 레드 와인

짜조(베트남)

특징	돼지고기와 갖가지 채소, 면을 섞어 라이스페이퍼에 돌돌 말아 튀긴 베트남식 만두 요리이다.
와인 페어링	★ 조화/대비 페어링 기름기를 잡아 주고 짜조의 속재료와 어울리는 시트러스, 사과, 배 등의 풍부한 과실 향, 백후추, 미네랄, 신선한 산미, 중간 정도 바디감의 화이트 와인 또는 스파클링 와인, 로제 와인을 추천한다.
추천 와인	• **스파클링 와인**: 크레망, 까바, 스푸만테, 펫낫 ★**대비**ⓟ • **로제 와인**: 드라이-오프 드라이 로제 등 ★**조화**ⓟ • **화이트 와인**: 샤르도네, 비오니에, 소아베 ★**대비**ⓟ
피해야 할 와인	카베르네 소비뇽, 말벡, 바롤로, 시라, 진판델 등 묵직하고, 타닌, 알코올 도수가 높은 스타일의 레드 와인

패스트푸드

소고기 패티 햄버거
(맥도날드 빅맥)

특징	소고기 패티에 짭조름한 치즈, 양상추, 양파, 피클이 어우러진 기본 버거이다.
와인 페어링	★ 조화 페어링 소고기 패티와 맛의 조화를 생각한다면 미디엄 이상의 타닌과 바디감, 검붉은 과실 향, 향신료, 오크 향의 레드 와인을 추천하고, 조금 더 프레시하고 깔끔한 느낌을 선호한다면 붉은 과실 향, 미디엄 이상의 산미, 부드러운 타닌의 레드 와인을 추천한다.
추천 와인	카베르네 소비뇽, 론 블랜드, 산지오베제, 피노 누아 등
피해야 할 와인	소비뇽 블랑, 피노 그리 또는 포트, 쉐리 등 라이트 바디감의 화이트 와인 또는 주정 강화 와인

치즈 버거
(버거킹 콰트로치즈와퍼)

특징	4가지 치즈와 직화로 구운 소고기 패티에 토마토, 양상추, 양파가 어우러진 부드럽고 진한 풍미의 버거이다.
와인 페어링	★ 조화 페어링 짭조름하고 고소한 치즈가 메인인 소고기 패티 버거이므로 미디엄 이상의 타닌과 바디감, 검붉은 베리류의 과실 향, 오크 풍미가 풍부한 레드 와인을 추천한다.
추천 와인	미국 카베르네 소비뇽, 메를로, GSM 블랜드 등
피해야 할 와인	소비뇽 블랑, 피노 그리 또는 포트, 쉐리 등 라이트 바디감의 화이트 와인 또는 주정 강화 와인

* **GSM**(Grenache, Syrah, Mourvedre) **블랜드:** 프랑스 남부 론 지역에서 그르나슈, 시라, 무르베드르 3가지 품종을 섞어 만든 와인으로 검붉은 과실 향, 허브, 향신료, 가죽 아로마, 미디엄 이상의 산미, 타닌, 바디를 지닌 와인이다.

머쉬룸 버거
(버거킹 트러플머쉬룸와퍼)

특징	4가지 버섯에 트러플 크림소스, 마요네즈, 직화 소고기 패티, 베이컨, 야채가 들어간 깊고 풍부한 맛의 버거이다.
와인 페어링	★ **조화 페어링** 풍부한 트러플 크림소스와 버섯, 직화 소고기 패티의 조화를 해치지 않는 M+ 이상의 바디감과 산미, 부드러운 타닌, 매끈한 질감, 풍부한 베리 향과 오크 풍미의 레드 와인을 추천한다.
추천 와인	바르베라, 몬테풀치아노 등
피해야 할 와인	소비뇽 블랑, 피노 그리 또는 포트, 쉐리 등 라이트 바디감의 화이트 와인 또는 주정 강화 와인

새우 버거
(롯데리아 사각새우더블버거)

특징	새우 살 패티와 크리미한 사우전아일랜드 소스, 양상추가 어우러진 버거이다.
와인 페어링	★ 조화/대비 페어링 튀긴 새우 패티와 양상추 버거로 시트러스 풍미, 미네랄과 산도가 풍부해 입안을 깔끔하게 해 주는 스파클링 와인을 추천한다.
추천 와인	까바, 스푸만테, 프란치아코르타 등
피해야 할 와인	카베르네 소비뇽, 말벡, 바롤로, 시라, 진판델 등 묵직하고, 타닌, 알코올 도수가 높은 스타일의 레드 와인

치킨 버거
(맘스터치 싸이버거)

특징	매콤하고 바삭한 치킨 패티에 달달한 화이트소스, 피클, 양상추, 양파가 어우러진 버거이다.
와인 페어링	★ 대비 페어링 기름에 튀긴 치킨 패티에 피클과 화이트소스로 깔끔한 맛을 자랑하는 버거이므로 시트러스 과일 향, 야채의 풍미가 풍부한 화이트 와인 또는 기름기를 잡아 주는 중간 이상의 산미와 풍부한 과실 향, 부드러운 텍스처의 레드 와인을 추천한다.
추천 와인	• **화이트 와인**: 소비뇽 블랑, 샤르도네 • **레드 와인**: 미국 피노 누아 등
피해야 할 와인	카베르네 소비뇽, 말벡, 바롤로, 시라, 진판델 등 묵직하고, 타닌, 알코올 도수가 높은 스타일의 레드 와인

페퍼로니 피자 + 치즈 추가

특징	토마토소스, 페퍼로니의 향과 짭조름한 치즈가 어우러진 고소한 정통 아메리칸 스타일의 피자이다.

★ 조화 페어링

와인 페어링	토마토소스, 치즈 토핑의 무게감과 질감에 맞춰 미디엄 바디 이상의 레드 와인을 추천한다. 강한 풍미의 페퍼로니와 짭조름한 치즈의 풍미와 어울리는 붉은 과실 향, 향신료 풍미, 중간 이상 산미의 레드 와인도 추천한다.
추천 와인	몬테풀치아노, 산지오베제, 바르베라, 카베르네 프랑, 메를로 등
피해야 할 와인	소비뇽 블랑, 피노 그리 또는 진판델, 네로 다볼라, 아마로네 등 가볍고 높은 산미의 화이트 와인 또는 진하고 묵직한 스타일의 레드 와인

* **카베르네 프랑**(Cabernet Franc) : 프랑스 보르도와 루아르에서 주로 재배되는 품종으로 검붉은 과실 향, 피망, 스파이시 아로마, 중간 이상의 산미, 부드러운 타닌을 가진 와인이다.

콤비네이션 피자

특징	토마토소스 베이스에 고기, 페퍼로니, 피망, 양송이, 옥수수, 블랙올리브 등의 다양한 토핑이 듬뿍 들어간 클래식 피자이다.
와인 페어링	★ **조화 페어링** 토마토소스의 새콤함, 고기, 야채 등의 토핑과 어울리는 레드 와인을 추천한다. 너무 무겁지 않은 바디, 신선한 산미, 붉은 과실 향, 허브, 야채 풍미가 풍부한 스타일이 좋다.
추천 와인	• **로제 와인:** 드라이 로제 • **레드 와인:** 산지오베제, 템프라니요, 그르나슈 등
피해야 할 와인	소비뇽 블랑, 피노 그리 또는 진판델, 네로 다볼라, 아마로네 등 가볍고 높은 산미의 화이트 와인 또는 진하고 묵직한 스타일의 레드 와인

불고기 피자

특징	달콤하고 짭조름한 불고기, 피망, 양파 등 고기와 야채 토핑의 한국식 바비큐 피자이다.
와인 페어링	★ 조화 페어링 불고기 양념에는 사과나 배의 향이 배어 있으므로 검붉은 과일 향이 풍부하고 야채 향, 오크 풍미, 미디엄 이상의 타닌과 바디, 산미의 밸런스가 좋은 레드 와인을 추천한다.
추천 와인	카베르네 소비뇽, 말벡, 진판델 등
피해야 할 와인	소비뇽 블랑, 피노 그리, 슈냉 블랑 등 가볍고 높은 산미의 화이트 와인

블랙타이거 쉬림프

특징	대왕 새우와 와규 크럼블, 양파, 피망 토핑의 약간 매콤한 믹스 피자이다.
와인 페어링	★ 조화/대비 페어링 고기와 해산물, 매콤함까지 균형을 맞추기 위해 약간의 당도가 있는 로제 와인 또는 화이트 와인을 추천한다.
추천 와인	• **로제 와인**: 스위트 로제, 브라케토 등 • **화이트 와인**: 드라이-오프 드라이 리슬링 등
피해야 할 와인	소비뇽 블랑, 피노 그리 또는 진판델, 네로 다볼라, 아마로네 등 가볍고 높은 산미의 화이트 또는 진하고 묵직한 스타일의 레드 와인

주리's TIP 감성 사진 찍는 법

1 | 감성 촬영

소품 활용

한 가지 아이템으로 먹음직스러운 플레이팅을 연출할 수 있습니다. 여기에 꽃, 조명, 향초, 책 등의 소품을 추가하면 다양한 감성을 표현할 수 있습니다.

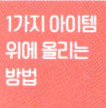 1가지 아이템 위에 올리는 방법

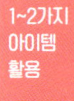 1~2가지 아이템 활용

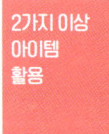 2가지 이상 아이템 활용

2 | 사진 촬영 팁

① **렌즈 닦기:** 피사체가 흐리게 보일 때는 안경닦이로 카메라 렌즈를 닦아 주세요.

② **렌즈의 방향을 아래쪽으로 향하게 맞추기:** 렌즈가 피사체의 아래를 비춰야 비율 왜곡이 덜합니다. 이동 공간이 좁은 곳에서 효과적입니다.

렌즈 방향 : 왼쪽 '위'   렌즈 방향 : 오른쪽 '아래'

③ **격자 활용하기:** 피사체의 수평과 위치 조절에 도움이 됩니다. 하나의 피사체를 촬영할 때는 프레임의 중앙, 배경과 함께 촬영할 때는 프레임의 하단, 두 개 이상이라면 각 피사체의 상하, 하상 교차 선을 연결해 중심을 잡습니다.

프레임 중앙 / 프레임 중앙과 하단 / 프레임 교차 (상단과 하단) / 프레임 교차 (하단과 상단)

④ **핸드폰의 DSLR 기능 활용하기:** 쉽게 아웃포커싱으로 고급스러운 사진을 찍을 수 있습니다. 배경을 흐릿하게 만들면 피사체를 명확하고 돋보이게 만듭니다. 갤럭시 핸드폰은 '라이브 포커스' 기능을, 아이폰은 '인물 사진 모드'를 활용하세요.

3 | 음식 촬영

① **항공 숏(Top View):** 위에서 찍는 방법으로 피사체를 중앙에 배치하거나 일부분만 나오게 배치, 근접 촬영과 전체 촬영 모두 가능합니다. 항공 숏의 정석인 중앙 촬영은 식기를 강조하며 그 위에 올린 음식의 분위기를 담아낼 수 있습니다. 감각적으로 연출하고 싶다면 여백의 미를 살려 음식의 일부분만 나오게 촬영하세요. 음식의 특정 요소를 보여주고 싶다거나 생동감을 주고 싶다면 근접 촬영이 효과적이고, 장소의 분위기를 강조하고 싶다면 세팅한 식탁 전체를 촬영합니다.

중앙 배치

일부분만 나오게 배치

근접 촬영   전체 촬영

② **하이 앵글 숏(high angle shot):** 피사체의 위쪽에 렌즈를 두고 아래로 찍는 숏입니다. 구체적으로는 높이가 있는 음식을 먹을 때의 시선 즉, 앉아 있는 시선에서 15도 아래로 낮춰 찍습니다. 음식의 입체감이 드러나 맛있게 보입니다.

15분이면 뚝딱! 와인 안주 요리

PART 2

상황별
홈 와인

기분에 따라

피곤한 날

#업무가 많았던 날 #신경 쓸 일이 많았던 날
#너무 많은 사건이 일어난 날

원하는 대로 일이 풀리지 않는 그런 날, 업무가 많거나 신경 쓸 일이 많은 날 혹은 특별한 일도 없는데 괜히 피곤한 날이 있다. 이런 날에는 당을 충천하면 기분이 나아지듯, 짙고 달콤한 아로마가 풍부한 와인이나 속을 뻥 뚫어 주는 스파클링 와인을 오픈해 쌓인 스트레스를 조금이라도 날려 보자.

추천 스타일	• 레드 와인: 진판델, 네그로아마로, 레치오토, 아마로네 등 잔당감이 느껴지는 와인 • 스파클링 와인: 상큼한 산미로 기분 전환 또는 달콤 충전으로 릴랙스할 수 있는 와인			
	무초 마스 레드 (Mucho Mas Red)	간치아, 브라케토 다퀴 NV (Gancia, Brachetto d'Acqui NV)		페데리코 파테니나, 까바 브뤼 (Federico paternina, cava brut)
	스페인>라만차 템프라니요 90%, 시라즈 10% 알코올 14%	이탈리아>피에몬테 브라케토 알코올 6.5%		스페인>카탈루냐 자렐로 40%, 마카베오 30%, 빠레야다 30% 알코올 11.5%
추천 와인				
Tasting Note	짙은 컬러, 푸룬, 건체리 등 농익은 과일 향, 오크, 다크 초콜릿, 스파이시 등 복합적인 숙성 향과 매끄러운 텍스처의 와인	루비 컬러, 스위트, 딸기, 체리 등 달콤한 과일, 장미 향 등 기분 좋은 아로마, 프레시한 산미와 중간 바디의 와인		옐로그린 컬러, 섬세한 기포, 시트러스 아로마와 흰 꽃 향, 입 안을 개운하게 해주는 산미, 라이트 바디의 와인
푸드 페어링	육류, 초콜릿 케이크, 견과류 등	딸기 카나페(41쪽), 딸기 케이크, 닭발 등		치즈 감자전(63쪽), 새우 버거, 샐러드, 초밥, 치킨 등
가격	2만 원 전후	3만 원 전후 (할인 시 2만 원 전후)		1만 원 전후

자축하고 싶은 날

#생일 #승진한 날 #보너스 받은 날

나를 축하하고 싶은 날! 이런 날은 제일 좋아하는 와인이나 아껴 두었던 와인을 고른다. 고가의 와인을 나에게 선물하는 것도 좋다.

추천 스타일	샴페인, 로제 스파클링 와인, 레드 와인 등 의미 있는 와인		
추천 와인	프레시넷, 프로세코 Freixenet, Prosecco	떼땅져, 녹턴 시티 라이트 Taittinger, Nocturne City Light	필립 파칼레, 본 로마네 philippe pacalet, vosne romanee
	이탈리아>베네토 글레라 알코올 11%	프랑스>샴페인 샤르도네 40%, 피노뮈니에 60%, 피노 누아 알코올 12.5%	프랑스>부르고뉴 피노 누아 100% 알코올 13.5%
Tasting Note	섬세한 기포, 레몬, 자몽, 풋사과, 흰 꽃 등의 우아한 아로마, 중간 이상의 프레시한 산미와 라이트 바디, 긴 피니시의 스파클링 와인	골드 컬러, 섬세한 기포, 사과, 복숭아, 아카시아, 허브, 토스티, 바닐라 등의 풍부한 아로마, 신선한 산미와 바디감을 가진 샴페인	옅은 루비 컬러, 체리, 라즈베리 등 붉은 과일 향, 꽃 향, 허브, 감초, 가죽, 오크 등의 복합미와 섬세한 아로마, 부드러운 타닌, 긴 여운을 가진 와인
푸드 페어링	해산물, 샐러드, 과일, 디저트 등	라클렛(53쪽), 해산물, 생선, 닭 요리 등	소고기 또는 양고기 스테이크, 바비큐, 치즈 등
가격	2만 원 대	20만 원대 (할인 시 10만 원대)	50만 원대 (할인 시 30만 원 이상)

쉬는 날

#좋아하는 영화를 보며 릴랙스

쉬는 날에는 가장 편안한 자세로 평소에 보고 싶었던 영화와 안주, 홀짝이기 편안한 캐주얼한 와인을 준비하자.

추천 스타일	칠레, 미국, 호주 등 신세계 국가의 캐주얼 와인		
추천 와인	산테로, 피노 샤르도네 스푸만테 (Santero, Pinot Chardonnay Spumante) 이탈리아>피에몬테 피노블랑코 50%, 샤르도네 50% 알코올 11.5%	일포지오네, 로쏘 디 몬탈치노 (Il Poggione, Rosso di Montalcino) 이탈리아>토스카나 산지오베제 100% 알코올 14%	브레드 앤 버터, 나파 샤도네이 (Bread & Butter, Napa Chardonnay) 미국>캘리포니아 샤도네이 100% 알코올 13.5%
Tasting Note	풍부하고 지속력 있는 버블, 레몬, 사과, 배, 구스베리, 아카시아 등의 아로마와 가벼운 바디감, 높은 산도로 청량감 있는 와인	밝은 루비 컬러, 자두, 체리, 푸룬, 향신료, 오크, 발사믹 등 복합적인 아로마, 부드러운 타닌과 중간 바디감의 와인	라임, 오렌지, 파인애플 등 잘 익은 과실, 오크 숙성으로 바닐라, 토스티, 버터, 견과류 아로마와 크리미한 질감, 적정한 산미, 중간 이상 바디감의 와인
푸드 페어링	보코치니 카프레제(39쪽), 보쌈, 생선, 해산물, 닭 요리, 샐러드 등	콤비네이션 피자, 바비큐, 립 등 육류, 아시아 요리, 치즈 등	브리 샌드위치(49쪽), 버터 해산물 구이, 크림 파스타, 치킨 등
가격	3만 원대 (할인 시 2만 원대)	10만 원대 (할인 시 4만 원대)	7만 원대 (할인 시 4만 원대)

딱 와인만 마시고 싶은 날

#안주 없이 #와인만 딱 마시고 꿀잠자고 싶은 날

한 잔에 화사함이 피어나는 와인을 마시고 싶은 날이 있다. 이런 날은 안주 없이 한 잔만 마시고 기분 좋게 잠들 수 있는 와인이 필요하다.

추천 스타일	샴페인, 피노 누아, 브루넬로 디 몬탈치노, 바롤로, CDP 등 풍부한 복합미로 시간이 지날수록 매력적인 프리미엄급 와인		
추천 와인	듀발 르로이, 브뤼 리저브 (Duval-Leroy, Brut Reserve)	트라피체, 이스까이 말벡 카베르네 프랑 (Trapiche, Iscay Malbec Cabernet Franc)	끌로 쌩 장, 샤또네프 뒤 빠쁘 (Clos Saint Jean, Chateauneuf du Pape)
	프랑스>샹파뉴 피노 뮈니에 90%, 샤도네이 10%, 피노 누아 알코올 12%	아르헨티나>멘도자 말벡 70%, 카베르네 프랑 30% 알코올 14.5%	프랑스>론 그르나슈 75%, 시라 15%, 무르베드르 4% 등 알코올 16%
Tasting Note	옅은 옐로그린 컬러, 섬세한 버블, 사과, 자몽, 살구, 복숭아, 건무화과, 허브, 아카시아, 견과류, 토스티, 미네랄 등 복합미와 파워풀한 바디감을 지닌 세련된 샴페인	검붉은 과실 향, 스파이시, 향신료, 발사믹, 바이올렛 꽃, 오크 등 복합적인 아로마와 무거운 바디, 중간 이상 타닌으로 구조감이 훌륭한 와인	카시스, 블랙베리, 건자두, 바닐라, 초콜릿, 토스트, 감초, 버섯, 시가, 스모키, 허브, 제비꽃, 스파이시, 적당한 산미와 타닌, 풀 바디의 농밀한 밀도감을 가진 와인
푸드 페어링	사과 카나페(51쪽), 해산물 요리, 오일 파스타, 일식, 아시아 요리 등	스테이크, 육류, 치즈 등	브리 샌드위치(49쪽), 스테이크, 양갈비, 햄버거, 치즈 등
가격	10만 원대 (할인 시 7만 원 전후)	10만 원대 (할인 시 6만 원 전후)	10만 원대 (할인 시 7만 원 전후)

연인과 헤어진 날

#위로가 되지 않는 날 #인생의 쓴맛

연인과 헤어진 날은 어떤 위로도 들리지 않는다. 인생은 원래 쓴맛도 있는 법! 이런 날은 두꺼비 대신 도수가 높은 와인을 한 잔하며 마음을 달래자.

추천 스타일	아마로네, 포트, 셰리, 마데이라 등 주정 강화 와인		
추천 와인	산 마르짜노, F 네그로아마로 (San Marzano, F Negroamaro)	다우, 파인 토니 포트 (Dow's, Fine Tawny Port)	주스티노스 마데이라, 리저브 파인 드라이 5년 (Justino's Medeira, Reserve Fine Dry 5 Years Old)
	이탈리아>풀리아 네그로아마로 100% 알코올 14.5%	포르투갈>포르토 틴타로리즈, 투리가프란카, 틴타바로카 등 알코올 19%	포르투갈>마데이라 틴타 네그라 몰레 알코올 19%
Tasting Note	금빛이 감도는 브론즈 컬러, 견과류 향과 나무의 스모키한 아로마, 다크 초콜릿처럼 쌉쌀한 맛과 은은한 호두 향, 균형을 잡아 주는 산미, 풀 바디의 드라이 쉐리 와인	호박색, 라즈베리, 살구, 검은 자두, 건포도, 달콤한 향신료, 견과류 등의 풍미와 부드러운 텍스처의 달콤한 주정 강화 와인	옅은 황금빛, 견과류, 말린 감귤, 호두의 아로마, 신선한 산도, 중간 바디의 우아하면서 복합적인 느낌의 드라이 주정 강화 와인
푸드 페어링	매콤한 스타일의 간장 찜닭, 말린 과일, 치즈, 크림 파스타 등	크로플 브라운 치즈(61쪽), 고르곤졸라 피자, 말린 과일, 견과류 파이 등	올리브, 카나페, 구운 아몬드, 경질 치즈 등
가격	20만 원대 (할인 시 5만 원 전후)	3만 원대 (할인 시 2만 원대)	7만 원대 (할인 시 5만 원 전후)

SNS 감성의 와인이 필요한 날

#오늘은 인스타그래머

SNS에 감성 사진을 올리고 싶은 날이 있다. 예쁘고 분위기 있는 와인으로 기분도 업!

추천 스타일	레이블도 맛도 취향 저격 소장 각! 잇 와인!		
	나니아 스파클링 (Neyah Sparkling)	파스쿠아, 퀴베 넘버 5 (PASQUA, CUVEE N°5)	파스쿠아, 일레븐미닛 로제 (PASQUA, 11 Minutes Rose)
	스페인 모스카토 100% 알코올 7.5%	이탈리아>베네토 소비뇽 블랑, 피노비앙코, 샤르도네, 트레비아노 등 알코올 11%	이탈리아>베네토 코르비나 50%, 트레비아노 25%, 시라 15%, 카르미네르 5% 알코올 12.5%
추천 와인			
Tasting Note	펄이 들어간 골드 컬러, 부드러운 기포, 레몬, 풋사과, 파인애플 등의 과일 향, 기분 좋은 산미와 당도의 밸런스가 좋은 스파클링 와인	오프 드라이, 크리스피한 버블과 레몬, 라임, 사과 등 매력적인 핵과류와 꽃 향, 중간 이상의 산미, 생동감 있는 스타일의 스파클링 와인	연어 컬러, 오프 드라이, 라즈베리, 딸기, 살구, 복숭아, 레몬, 자몽 등 달콤하고 상큼한 아로마와 프레시한 산미의 와인
푸드 페어링	샐러드, 카나페, 피자, 치킨, 디저트 등	흰살 생선, 치킨, 오일 파스타 등	프로마쥬 크레페(47쪽), 연어, 샐러드, 치킨, 생선회, 과일 케이크 등
가격	3만 원대 (할인 시 2만 원 전후)	6만 원대 (할인 시 4만 원 전후)	8만 원대 (할인 시 5만 원 전후)

무알코올이 필요한 날

#와인은 마시고 싶지만 #내일은 결전의 날

술은 마시고 싶은데 다음 날 중요한 일이 있다면 무알코올 와인이 제격이다.

추천 스타일	1% 미만의 저알코올 와인			
		톰슨 & 스캇 노티 스파클링 (Thomson & Scott Noughty Sparkling)	라이츠, 아인스 츠바이 제로 리슬링 (Leitz, Eins Zwei Zero Riesling)	르 쁘띠 베레 피노 누아 (Le Petit Beret Pinot Noir)
		독일 샤르도네 100% 알코올 0.0%	독일 > 라인가우 리슬링 알코올 0.0%	프랑스 피노 누아 알코올 0.0%
추천 와인				
Tasting Note		복숭아, 파인애플 등의 열대 과일 향과 레몬, 라임의 상큼한 과실 풍미의 스파클링 와인	라임, 레몬, 감귤류의 시트러스, 사과 등 과일 위주의 신선하고 달콤한 풍미, 미네랄, 중간 이상의 산미와 여운을 가진 와인	블랙베리, 라즈베리, 체리 등 검붉은 과실 향, 부드러운 타닌과 프레시한 산미의 와인
푸드 페어링		해산물, 샐러드, 치킨 피자, 돼지고기 등	보코치니 카프레제(39쪽), 연어, 새우 등 해산물, 샐러드, 닭 요리 등	소고기, 닭고기 등 육류
가격		3만 원대	3만원 대	27,000원

날씨에 따라

벚꽃 잎이 흩날리는 봄날

#완연한 봄 #벚꽃놀이 #피크닉

푸릇푸릇 새싹이 돋고 꽃향기가 가득한 봄날. 야외에 앉아 흩날리는 벚꽃과 함께 화사하고 싱그러운 아로마의 와인과 함께하자.

추천 스타일	샤르도네, 소비뇽 블랑, 피노 그리, 게뷔르츠트라미너 등 화이트 와인 또는 샴페인. 봄 피크닉에서도 분위기를 낼 수 있는 로제 와인		
	로델리아 비앙코 (Rodelia Bianco)	마리호셰, 레 발서즈 로제 펫낫 (Marie Rocher, Les Valseuses Rose Pét-Nat)	페리에 주에, 벨 에포크 (Perrier Jouet, Belle Epoque)
	이탈리아>베네토 피노 그리지오, 샤도네이 등 알코올 12%	프랑스>루아르 가메 100% 알코올 11.5%	프랑스>샹파뉴 샤르도네 50%, 피노 누아 45%, 피노 뮈니에 5% 알코올 12.5%
추천 와인			
Tasting Note	옅은 그린 옐로우, 레몬, 감귤, 배, 사과, 미네랄 등 신선하게 올라오는 산도, 우아하고 풍부하게 올라오는 흰 들꽃 향기를 가진 와인	선분홍빛 컬러, 활기찬 버블, 장미와 산딸기, 라즈베리 등 붉은 과일 향, 산뜻하고 달콤한 펫낫 와인.	우아하고 섬세한 버블, 레이블의 아네모네처럼 은은한 흰 꽃 향, 레몬, 자몽, 복숭아, 배, 토스티 등 풍부한 아로마
푸드 페어링	그린 야채 샐러드, 흰 육류요리, 해산물 등	떡볶이, 바비큐, 아시아 요리, 매콤한 요리, 디저트 등	그릴드 생선, 조개, 갑각류 등
가격	4만 원대 (할인 시 2만 원 전후)	7만 원대 (할인 시 6만 원 전후)	30만 원대 (할인 시 20만 원대)

바캉스가 생각나는 무더운 여름날

#무더운 날 #갈증 해소 #바캉스 #휴양지

무더위에 가볍게 마시며 갈증을 해소할 수 있는 청량감 있는 스타일의 와인을 추천한다.

추천 스타일	소비뇽 블랑, 피노 그리, 카바, 크레망, 프란치아코르타 등 화이트 와인 또는 스파클링 와인. 휴양지에서 즐기는 다양한 음식과 어울리는 드라이 로제 와인		
추천 와인	타피, 소비뇽 블랑 (TAPI, Sauvignon Blanc)	스프링 타이드 리슬링 (Spring Tide Riesling)	뮈스카 인스피레이션 (Muscat Inspiration)
	뉴질랜드>말보로 소비뇽 블랑 100% 알코올 12.5%	호주>에덴밸리 리슬링 100% 알코올 11%	프랑스>알자스 뮈스카 100% 알코올 12%
Tasting Note	레몬, 자몽, 구스베리, 복숭아, 파인애플, 풀, 미네랄 등 신선하고 뚜렷한 산미, 풍부한 아로마, 중간 바디로 깔끔하게 마무리되는 와인	레몬, 감귤, 사과, 배 등 매력적인 과일과 오렌지꽃, 장미 꽃잎 등 아로마틱한 향. 중간 이상의 프레시한 산미로 청량함을 가진 와인	옅은 오렌지 컬러, 드라이, 자몽, 복숭아, 망고, 살구 등 잘 익은 과실 향, 허브, 스파이시, 꽃 아로마, 신선한 산미와 오렌지 와인 특유의 쌉싸름한 피니시를 가진 와인
푸드 페어링	봉골레 파스타, 조개, 관자, 회 등 각종 해산물, 그린 샐러드 등	사과 카나페(51쪽), 해산물, 치킨 샐러드, 디저트 등	라클렛(53쪽), 치킨, 아시아 요리, 과일 등
가격	5만 원대 (할인 시 3만 원 전후)	4만 원 전후	7만 원 전후

사락사락 낙엽이 떨어지는 가을날

#가을 #낙엽 #버건디 컬러

서늘한 바람이 불고 낙엽이 떨어지기 시작하면 버건디 컬러와 나뭇잎 향처럼 깊고 풍부한 스타일의 와인이 떠오른다. 가을 감성을 느끼게 해 줄 와인을 마시자.

추천 스타일	피노 누아, 네비올로, 프랑스 론 CDP 등 장기 숙성용 레드 와인, 오크 숙성된 화이트 와인		
추천 와인	조셉 페블레, 부르고뉴 피노 누아 에프 드 페블레 (Joseph Faiveley, Bourgogne Pinot Noir F de Faiveley) 프랑스>부르고뉴 피노 누아 100% 알코올 12.5%	로베르토 보에르지오, 랑게 네비올로 (Roberto Voerzio, Langhe Nebbiolo) 이탈리아>피에몬테 네비올로 100% 알코올 14.5%	비에티, 바롤로 카스틸리오네 (Vietti, Barolo Castiglione) 이탈리아>피에몬테 네비올로 100% 알코올 14%
Tasting Note	라즈베리, 블랙베리, 체리 등의 풍부한 과실 향과 낙엽, 흙의 풍미, 프레시한 산미, 부드러운 타닌, 가볍고 섬세한 밸런스 좋은 스타일의 와인	루비 컬러, 카시스, 블랙베리, 체리, 장미, 바이올렛, 페퍼, 삼나무, 버섯, 낙엽, 흙, 야생 고기 풍미, 균형 잡힌 산도, 타이트한 타닌, 무거운 바디감의 우아하고 풍부한 여운을 가진 와인	붉은 루비 컬러, 체리, 라즈베리, 자두, 카시스, 미네랄, 허브, 후추, 감초, 오크, 가죽, 버섯, 흙의 풍미, 강한 타닌과 산도, 묵직한 바디감의 탄탄한 구조감을 가진 와인
푸드 페어링	카망베르와 사과를 만 프로슈토(45쪽), 돼지고기, 닭, 파스타, 피자	스테이크, 양갈비, 볶음 요리, 치즈 등	스테이크, 육류, 파스타, 치즈 등
가격	10만 원대 (할인 시 4만 원대)	9만 원대 (할인 시 7만 원대)	10만 원대 (할인 시 10만 원 전후)

눈 내리는 추운 겨울날

#눈 오는 날 #겨울

찬바람이 부는 계절에는 체온을 높여 주는 레드 와인이 생각난다. 제철요리와 함께 마시면 좋은 와인을 추천한다.

추천 스타일	샤블리, 리슬링, 진판델, 프리미티보, 네그로아마로 등		
추천 와인	루이 자도, 샤블리 (Louis Jadot, Chablis)	스프리츠 짐머, 리슬링 아우스레제 (Fritz Zimmer, Riesling Auslese)	후안길 블루 라벨 (Juan gil blue label)
	프랑스>부르고뉴 샤르도네 100% 알코올 13%	독일>모젤 자르 루버 리슬링 100% 알코올 7.5%	스페인>후미아 모나스트렐 60%, 카베르네 소비뇽 20%, 시라 10% 알코올 15.5%
Tasting Note	노란빛, 드라이, 레몬, 라임, 풋사과 등 시트러스 과일 향과 야채, 미네랄, 부싯돌 향이 두드러지는 프레시한 스타일의 와인	라임, 배, 복숭아, 망고 등 잘 익은 과실 향, 마멀레이드, 견과류 등 복합적인 아로마와 산미, 당도의 밸런스가 훌륭한 스위트 와인	자두, 블랙베리, 감초, 바닐라, 카카오, 커피, 오크 등의 아로마, 부드러운 타닌의 미디엄-풀 바디 와인
푸드 페어링	오스트라 알 아히요(59쪽), 굴, 생선구이, 생선 커틀릿, 새우, 연어, 회 등 해산물 요리	꿀떡 와플(55쪽), 케이크, 과일 치즈, 고르곤졸라 피자, 매콤한 요리	스테이크, 미트 파스타, 케이크 등 디저트류
가격	4만 원대 (할인 시 3만 원대)	5만 원대 (할인 시 3만 원 전후)	9만 원대 (할인 시 6만 원 전후)

화창하고 맑은 날

#너무 좋으니까 한잔 #차박 #캠핑

미세먼지 없는 푸른 하늘 위에 하얀 구름이 있는 그런 날! 집, 차박, 캠핑 어느 장소에서든 기분 좋게 마실 수 있는 와인을 추천한다.

추천 스타일	샤르도네, 그뤼너벨트리너, 슈냉 블랑, 스파클링 등 맑고 청량한 스타일의 와인		
추천 와인	도멘 파케, 마콩 퓌세 (Domaine Paquet, Macon Fuisse) 프랑스>부르고뉴 샤르도네 100% 알코올 12.5%	파스쿠아 프리잔테 돌체 스위트 로제 (Pasqua Vino Frizzante Dolce Sweet Rose) 이탈리아>베로나 피노 누아, 피노블랑코, 샤도네이 알코올 11%	보히가스, 엑스트라 브뤼 그랑 리저브 (Bohigas, Extra Brut Gran Reserva) 스페인>카탈루냐 자렐로 50%, 마카베오 25%, 빠레야다 15%, 샤르도네 10% 알코올 12%
Tasting Note	레몬, 풋사과, 잘 익은 배, 흰 꽃, 허브, 미네랄, 토스티 등 풍부한 아로마와 기분 좋은 산미의 와인	연분홍 컬러, 딸기, 체리 등 붉은 과일 향, 부드럽고 크리미한 텍스처, 달콤함과 산미 밸런스가 좋은 스파클링 로제 와인	짙은 노랑 컬러, 지속력 좋은 섬세한 기포, 사과, 배 등 신선하고 잘 익은 과실 풍미, 미네랄과 견과류, 이스트 풍미, 신선한 산미와 중간 바디의 구조감을 가진 카바 와인
푸드 페어링	부라타 치즈 샐러드(43쪽), 해산물	딸기 카나페(41쪽), 딸기 케이크, 과일 샐러드, 파스타, 피자	오스트라 알 아히요(59쪽), 해산물, 타파스
가격	4만 원대 (할인 시 3만 원 전후 대)	5만 원대 (할인 시 4만 원 전후)	4만 원대 (할인 시 2만 원 전후)

괜히 센티해지는 비 오는 날

#술 한 잔이 생각나는 날

이상하게 비가 오는 날은 센티해지며 술 한 잔이 생각난다. 소주는 부담스럽고 맥주는 심심하다면, 와인으로 촉촉해진 기분을 달래 보자.

추천 스타일	봄여름에는 화이트 와인, 스파클링 와인, 펫낫 와인, 가을과 겨울에는 피노 누아, 산지오베제 등 레드 와인, 내추럴 와인		
추천 와인	돈나푸가타, 안씰리아 (Donnafugata, Anthilia)	코스타딜라 Costadila	칸티나 자카니니, 몬테풀치아노 다브루쪼 (Cantina Zaccagnini, Montepulciano d'Abruzzo)
	이탈리아>시칠리아 카타라토 50%, 안소니카 50% 알코올 12.5%	이탈리아>베네토 글레라, 베르디조, 비앙케타 등 알코올 11%	이탈리아>아부르쪼 몬테풀치아노 100% 알코올 12.5%
Tasting Note	라임, 레몬, 자몽, 사과 등 감귤류의 아로마, 허브 향, 상쾌한 산미와 부드러운 중간 바디감을 가진 와인	뽀얀 오렌지 컬러, 오프 드라이, 자몽, 배, 사과, 패션푸르츠 등의 풍부한 과실 향, 허브 향, 크리미한 텍스처, 신선한 산미, 자연 효모로 발효한 스파클링 와인	짙은 루비 컬러, 블랙베리, 건자두, 체리 등 검붉은 과실 향, 바닐라, 삼나무, 정향 등의 복합미, 산뜻한 산미와 잘 짜인 구조감의 중간 바디 와인
푸드 페어링	치즈 감자전(63쪽), 파스타, 생선, 안초비, 참치 샐러드, 부드러운 치즈	해물파전, 부침개, 오일 파스타, 해산물, 아시아 요리	에그 인 헬(57쪽), 스테이크, 양갈비, 미트 파스타
가격	4만 원대 (할인 시 2만 원대)	6만 원대 (할인 시 5만 원 전후)	5만 원대 (할인 시 4만 원 전후)

15분이면 뚝딱! 와인 안주 요리

PART 3

남은 와인
활용 레시피

홈 와인 만들기

혼자 와인을 마시다 보면 생각보다 부담스럽다는 걸 알게 된다. 소주보다 도수는 낮지만 양이 소주보다 두 배가량 많은 750ml가 일반적이기 때문이다. 남은 와인으로 육류의 잡내를 제거하거나 피부 미용을 위해 입욕제로 사용하기도 하지만 그래도 남는다면 다양한 스타일의 홈 와인을 만들어 즐겨 보자.

특히 샹그리아는 스페인의 대중적인 술로, 과일을 넣어 여름에 시원하게 마시는 술이다. 국내에는 레드 샹그리아가 널리 알려져 있지만, 화이트 와인과 로제 와인으로도 만들 수 있다. 다양한 와인으로 만드는 샹그리아, 뱅쇼, 와인 칵테일 만드는 법을 소개한다.

화이트 샹그리아

 Wine Choice TIP

와인 스타일
- 오크를 사용하지 않은 과실 향이 풍부한 품종
- 산도 높은 스타일
- 드라이 또는 오프 드라이 스타일

품종
소비뇽 블랑, 리슬링, 피노 그리, 피노 그리지오 등

그린 모히토 샹그리아

재료
용기 1L
스파클링 와인 1병
청포도 10~15알
라임 1.5개
애플민트 1줌

만드는 법

1. 청포도와 애플민트는 깨끗하게 세척한다.
2. 라임 반 개짜리와 포도를 얇게 슬라이스한다.
3. 라임 1개를 웨지 모양으로 잘라 즙을 짜서 담아 둔다.
4. 절구에 3과 애플민트 반 줌을 넣고 빻은 뒤 즙만 글라스에 담는다.
5. 글라스에 애플민트와 라임 슬라이스 2개를 넣고 얼음을 넣는다.
6. 스파클링 와인을 넣고 남은 애플민트와 라임으로 장식하여 마무리한다.

TIP
1. 달달하게 마시고 싶다면 스위트 스파클링 와인을 선택하거나 설탕을 넣는다.
2. 높은 도수를 원한다면 럼을 추가해도 좋다.

애플시드르 샹그리아

재료
용기 1.5L
화이트 와인 1병
사과주 1병
피치 리큐르 소주잔 분량 3컵
사과 1개
시나몬 스틱 2개
로즈마리 약간

만드는 법

1 사과와 로즈마리는 깨끗하게 세척한다.
2 사과를 반달 모양으로 얇게 슬라이스한다.
3 와인과 사과주 그리고 모든 재료를 넣고 최소 2시간 숙성시킨다.
4 글라스에 숙성된 샹그리아를 넣고 애플민트와 시나몬 스틱으로 마무리한다.

TIP
달달하게 먹고 싶다면 리슬링 또는 시럽, 설탕을 추가해도 좋다.

수박
샹그리아

재료

용기 1L
아이스크림 스쿱
화이트 와인 1병
수박 반 통
라임 1개
설탕 소주잔 분량 1.5컵
딜 약간

만드는 법

1. 수박은 한입 크기로 썰어 둔다.
2. 라임은 깨끗하게 세척해 장식용 슬라이스 두세 조각을 자르고 나머지는 즙을 낸다.
3. 용기에 수박을 넣고 라임즙, 설탕, 와인을 넣어 섞는다.
4. 냉장고에 최소 6시간 숙성시킨다.
5. 글라스에 얼음 반을 넣고 딜을 글라스 벽 쪽에 두른다.
6. 수박을 넣고 샹그리아를 부어 마신다.

TIP
1. 스위트한 스타일을 선호한다면 다양한 당도가 있는 리슬링 와인을 선택한다.
2. 스파클링으로 즐기고 싶다면 숙성시킨 샹그리아에 스파클링 와인을 넣는다.

로제 샹그리아

Wine Choice TIP

와인 스타일
- 과일, 꽃 향이 풍부한 품종
- 산도 높은 스타일
- 당도가 포함된 오프 드라이- 스위트 스타일

품종
이탈리아 브라케토 다퀴,
미국 화이트 진판델,
프랑스 루아르밸리 로제 등

핑크 모스카토 샹그리아

재료
용기 1L
로제 모스카토 와인 1병
라즈베리 20~30알
라즈베리 시럽 소주잔 분량 1컵
라임 시럽 또는 레몬 시럽 소주잔 분량 1컵
얼음

만드는 법

1. 냉동 라즈베리는 상온에 꺼내 놓아 해동한다.
2. 용기에 와인, 라즈베리, 시럽을 넣는다.
3. 냉장고에 최소 2시간 숙성시킨다.
4. 글라스에 얼음 반과 샹그리아를 넣은 뒤 라즈베리를 올려 마신다.

TIP
1. 높은 도수를 원한다면 보드카를 넣는다.
2. 라즈베리 외 붉은 과일을 더 넣어서 만들어도 좋다.

석류&자몽 샹그리아

재료

용기 1L	자몽 1개
작은 냄비	석류 반개
로제 스파클링 와인 1병	설탕 종이컵 분량 1컵
자몽주스 종이컵 분량 1컵	생수 종이컵 분량 1컵
석류주스 종이컵 분량 1컵	애플민트 1줌

만드는 법

1. 작은 냄비에 물을 끓이고, 애플민트 2/3 정도를 다져 둔다.
2. 끓는 물에 다진 애플민트와 설탕을 넣고 10분 정도 저어가며 끓여 시럽을 만든다.
3. 깨끗이 세척한 자몽을 가로로 놓고 슬라이스한다.
4. 깨끗이 세척한 석류의 알을 분리해 둔다.
5. 용기에 식힌 애플민트 시럽과 자몽주스, 석류주스를 넣어 섞는다.
6. 손질한 자몽과 석류알을 넣고 냉장고에 최소 2시간 숙성시킨다.
7. 숙성된 샹그리아에 스파클링 와인을 섞어 마신다.

로제 스트로베리 샹그리아

재료
용기 1L, 강판
로제 스파클링 와인 1병
딸기 15~20개
오렌지 1개
설탕 종이컵 분량 1/2컵
레몬 또는 라임 탄산수 종이컵 분량 2컵
로즈마리 약간, 얼음

만드는 법

1 딸기는 깨끗하게 세척해 세로로 놓고 얇게 슬라이스한다.

2 오렌지는 깨끗하게 세척해 껍질 부분을 강판으로 갈아 둔다.

3 용기에 딸기, 오렌지 껍질, 탄산수 1컵, 설탕을 넣고 섞는다.

4 냉장고에 최소 2시간 이상 숙성시킨다.

5 숙성된 샹그리아에 스파클링 와인과 탄산수 1컵을 추가한다.

6 글라스에 얼음 반을 채우고 샹그리아를 넣은 뒤 로즈마리를 장식해 마신다.

TIP
높은 도수를 원한다면 보드카를 넣는다.

레드 상그리아

Wine Choice TIP

와인 스타일
- 타닌이 적은 스타일
- 과실 풍미가 풍부한 품종
- 산도가 높은 스타일
- 새 와인을 구입한다면 1만 원 이하의 와인으로 구입

품종
스페인 템프라니요, 가르나차, 이탈리아 산지오베제, 피노 누아, 가메 등

과일 상그리아

재료
- 용기 1L
- 레드 와인 1병
- 제철 과일 3~4종
- 사과 1개
- 오렌지 1개
- 라임 또는 레몬 1개
- 오렌지주스 종이컵 분량 1컵
- 탄산수 종이컵 분량 1컵
- 설탕 종이컵 분량 1/2컵

만드는 법

1. 모든 과일은 깨끗하게 세척하고 씨 부분을 도려내어 슬라이스한다.
2. 용기에 슬라이스한 과일, 오렌지주스, 설탕, 와인을 넣는다.
3. 냉장고에 최소 2시간 이상 숙성시킨다.
4. 숙성된 상그리아에 탄산수를 섞어 마신다.

TIP
바로 마시고 싶다면 즙을 낼 수 있는 과일은 바로 착즙해 넣고, 설탕 대신 시럽으로 대체해 준비한다.

베리베리
샹그리아

재료
용기 1L, 착즙기
레드 와인 1병
딸기 10~15개
라즈베리 15~20개
블랙베리 15~20개
오렌지 1개
설탕 종이컵 분량 1/2컵, 얼음

만드는 법

1. 모든 과일은 깨끗하게 세척하고 냉동 과일은 해동한다.
2. 딸기는 반으로 자른다.
3. 오렌지는 반으로 잘라 착즙기를 이용해 즙을 짜낸다.
4. 용기에 오렌지 즙, 딸기, 라즈베리, 블랙베리, 설탕, 와인을 넣는다.
5. 냉장고에 최소 2시간 이상 숙성시킨다.
6. 글라스에 얼음 반을 채우고 숙성된 샹그리아를 넣어 마신다.

TIP
1. 바로 먹고 싶다면 설탕 대신 시럽으로 대체해 준비한다.
2. 오렌지 착즙이 어렵다면 오렌지주스를 넣어도 좋다.

애플허니 샹그리아

재료
용기 1L, 넓은 접시
레드 와인 1병
사과 1개, 오렌지 1/2개
사과주스 종이컵 분량 1.5컵
오렌지주스 종이컵 분량 1컵
탄산수 1컵, 시나몬 스틱 5~6개
시나몬 가루
설탕 소주잔 분량 2컵, 꿀 약간

만드는 법

1 모든 과일은 깨끗하게 세척하고 씨 부분을 도려내어 슬라이스한다.
2 용기에 사과, 오렌지, 사과주스, 오렌지주스, 시나몬 스틱 2개를 넣는다.
3 냉장고에 최소 2시간 이상 숙성시킨다.
4 접시에 설탕 1컵과 시나몬 가루를 넣어 섞는다.
5 글라스 림 부분에 꿀을 살짝 바르고 4를 묻힌다.
6 숙성된 샹그리아에 탄산수를 넣는다.
7 5에 샹그리아를 넣고 시나몬 스틱으로 장식해 마신다.

TIP
높은 도수를 원한다면 보드카를 넣는다.

뱅쇼

뱅쇼는 프랑스어로 '따뜻한 와인'이라는 뜻이다. 와인에 과일과 시나몬, 정향 등의 향신료를 넣고 끓여 무알코올로 즐기며, 유럽에서는 겨울철에 몸을 따뜻하게 하고 감기를 예방하는 차원으로 마신다. 독일에서는 '글루바인', 영국에서는 '멀드' 등의 이름으로 불린다.

뱅쇼

재료
큰 냄비, 용기 1L
레드 와인 2병(1.5L)
사과 1개, 오렌지 1개
건무화과 또는 건포도 한 줌
시나몬 스틱 2개
갈색설탕 소주잔 분량 2컵

만드는 법

1. 모든 과일은 깨끗하게 세척하고 씨 부분을 도려내어 슬라이스한다.
2. 냄비에 과일, 와인, 시나몬 스틱, 설탕을 넣는다.
3. 중불에 놓고 끓이다가 끓어오르기 시작하면 약불로 줄여 30분 정도 더 끓인다.
4. 불을 끄고 20~30분 두어 맛과 향이 우러나오도록 한다.
5. 찌꺼기를 제거해 냉장 보관하고 마실 때는 따뜻하게 데운다.

TIP

1. 정향, 팔각, 후추, 아니스, 생강 등을 추가해도 좋다.
2. 끓일 때는 팔팔 끓이지 않는다. 거품이 생기지 않도록 하자.
3. 기호에 따라 럼, 코냑 등을 첨가해 마셔도 좋다.

와인 칵테일

와인 칵테일은 샹그리아나 뱅쇼처럼 와인 베이스에 다양한 리큐어와 재료를 넣어 만든다. 집에 손님이 오거나 연말 파티, 기념일 때 기분을 내는 용도로 간단히 마시기 좋다. 키르 로얄은 프랑스의 전통 샴페인 칵테일로 간단히 만들 수 있고, 미모사는 조식이나 브런치에 어울리는 라이트한 칵테일이다. 로제 오렌지 레모네이드는 한여름 호텔 수영장을 연상하게 하는 프레시한 칵테일이다.

키르 로얄

재료
글라스
스파클링 와인 소주잔 2컵
크렘 드 카시스 소주잔 1/3컵

만드는 법
1. 글라스에 크렘 드 카시스를 넣는다.
2. 스파클링 와인을 천천히 따른다.

TIP
1. 기호에 따라 라즈베리를 넣어도 좋다.
2. 크렘 드 카시스가 없다면 블루베리나 라즈베리 시럽으로 대체한다.

미모사

재료
글라스
프로세코 와인 소주잔 분량 2컵
오렌지주스 소주잔 분량 2컵
장식용 오렌지 슬라이스

만드는 법

1 글라스에 오렌지주스와 프로세코 와인을 1:1 비율로 넣는다.
2 오렌지 슬라이스로 장식한다.

TIP
1. 기호에 따라 2:1 비율로 넣어도 좋다.
2. 높은 도수를 원한다면 양주를 넣는다.
3. 다른 스파클링 와인을 사용해도 좋다.

로제 오렌지 레모네이드

재료
글라스
스위트 로제 와인 소주잔 3컵
오렌지 1/4 조각
레몬 1/4 조각
블러드 오렌지주스 소주잔 분량 1/2컵
레몬주스 소주잔 분량 1/4컵
장식용 과일 슬라이스
얼음 3~5개

만드는 법

1. 글라스에 오렌지와 레몬 조각을 짜서 즙을 낸다.
2. 레몬주스, 오렌지주스, 스위트 로제 와인을 넣고 섞는다.
3. 얼음을 넣고 장식용 오렌지 슬라이스를 올린다.

TIP
1. 당도가 없는 로제 와인이라면 설탕을 추가해 당도를 맞춘다.
2. 생 오렌지, 레몬은 생략해도 되며 생략 시 오렌지주스 1컵, 레몬주스 1/3컵 정도로 양을 늘린다.

와인 지식 한 잔

와인과 치즈 페어링

치즈는 원재료, 페이스트, 제조법에 따라 식감과 풍미가 다르다. 원재료는 동물에 따라, 페이스트는 수분 함량에 따라 나뉘며, 제조법은 크게 일곱 가지로 구분된다. 와인과 어울리는 치즈를 제조법에 따라 페어링해 보자.

원재료	페이스트	제조법
소젖	생 치즈(80%)	프레시/워시
염소젖	연질 치즈(50~70%)	흰곰팡이/푸른곰팡이
양젖	반경질 치즈(40~50%)	세미하드/하드
물소젖	경질 치즈(30~50%)	세브르

♣ 프레시 치즈(Fresh Cheese)

유청(수분)을 빼고 숙성 과정을 거치지 않은 흰 덩어리 형태의 치즈다. 수분이 많고 탱글탱글한 식감의 생 치즈부터, 부드러운 식감의 크림치즈까지 있으며, 맛은 가벼운 산미와 상큼한 풍미가 느껴진다. 파스타 필라타(Pasta filata, 잡아 늘이는 방법) 치즈로는 모차렐라, 부라타, 보코치니 등이 있으며 스파클링 와인, 라이트 화이트 와인, 미디엄 풀 화이트 와인, 로제 와인과 잘 어울린다. 크림 타입은 리코타, 마스카포네, 페타, 크림치즈, 프로마쥬블랑 등이 있으며 스파클링 와인 미디엄-풀 화이트 와인, 로제 와인과 잘 어울린다.

♣ 염소젖 치즈(Chevre Cheese)

고트 치즈 또는 쉐브르 치즈로 불리며 염소젖으로 만든다. 부드럽고 크리미한 질감과 염소젖 특유의 풍미, 허브 향, 신선한 산미가 느껴진다. 쉐브르, 뷔세트 드 쉐브르 등이 스파클링 와인, 라이트 화이트 와인, 미디엄-풀 화이트 와인과 잘 어울린다.

♣ 흰곰팡이 치즈(white Cheese)

화이트 치즈라 불리며, 표면이 흰곰팡이로 덮여 있다. 말랑말랑하고 부드러운 식감이 많으며 대체로 연한 맛이지만 숙성이 진행되면 과일과 버섯 등의 풍미가 느껴진다. 브리, 카망베르 등이 흰곰팡이 치즈에 해당하며, 라이트 화이트 와인, 미디엄-풀 화이트 와인, 로제 와인, 라이트 레드 와인, 미디엄 레드 와인과 잘 어울린다.

♣ 워시 치즈(Wash Cheese)

숙성 시 소금물이나 맥주, 와인 등 그 지역의 술로 표면을 닦아 만드는 치즈다. 닦는 술의 종류에 따라 풍미와 맛이 다르기 때문에 개성이 강하며, 겉은 톡 쏘는 듯한 풍미와 강한 향이 느껴져도 속은 담백하다. 에뿌아스, 랑그르, 텔레지오, 마투왈 등이 워시 치즈에 속하며, 라이트 레드 와인, 미디엄 레드 와인, 풀 레드 와인과 잘 어울린다.

♣ 반경질 치즈(Semi Hard Cheese, uncooked pressed)

커드(우유를 린넨 혹은 레몬즙, 식초 등의 산성 물질로 응고시킨 것)를 작게 잘라 뭉쳐서 만드는 치즈로, 수분 함량 40~50%의 페이스트로 살짝 단단한 치즈가 된다. 깔끔하고 순한 풍미에 짭조름한 맛이 느껴지며 종류에 따라 버터와 견과류 풍미가 있기도 하다. 체다, 고다, 에담, 라클렛, 테드 드 무안 등이 있으며 미디엄-풀 화이트 와인, 로제 와인, 라이트 레드 와인, 미디엄 레드 와인, 풀 레드 와인과 잘 어울린다.

♣ 경질 치즈(Hard Cheese, cooked pressed)

커드를 잘게 잘라 한 번 더 끓여서 만든 치즈로 수분이 적어 표현이 단단하고 보존성이 뛰어나다. 짠맛, 은은한 신맛이 나며 대체로 순하다. 에멘탈, 그뤼에르, 파르미지아노 레지아노, 그라나 파다노 치즈 등이 경질 치즈에 해당하며, 미디엄-풀 레드 와인과 잘 어울린다.

♣ 블루치즈(Blue Cheese)

소나 양의 젖으로 만들며 크림 타입의 프레시 치즈에 푸른곰팡이를 번식시켜 만든다. 톡 쏘는 특유의 풍미와 강한 짠맛이 느껴지며 고르곤졸라, 스틸턴, 로크포르 등이 있다. 스위트 화이트 와인, 디저트 와인과 페어링하면 좋다.

와인	어울리는 치즈	치즈 종류
스파클링 와인	프레시 치즈(생 치즈, 크림치즈)	모차렐라, 부라타, 리코타, 마스카포네, 페타
	염소젖 치즈	쉐브르, 뷔세트 드 쉐브르
라이트 화이트 와인	프레시 치즈(생 치즈)	모차렐라, 부라타
	염소젖 치즈	쉐브르, 뷔세트 드 쉐브르
	흰곰팡이 치즈	브리, 카망베르
미디엄 풀 화이트 와인	프레시 치즈(크림치즈)	리코타, 마스카포네, 페타
	염소젖 치즈	쉐브르, 뷔세트 드 쉐브르
	흰곰팡이 치즈	브리, 카망베르
	반경질 치즈	체다, 고다, 에담, 라클렛
로제 와인	프레시 치즈(생 치즈, 크림치즈)	모차렐라, 부라타, 리코타, 마스카포네, 페타
	흰곰팡이 치즈	브리, 카망베르
	반경질 치즈	체다, 고다, 에담, 라클렛
	블루치즈	고르곤졸라, 스틸턴, 로크포르
라이트 레드 와인	흰곰팡이 치즈	브리, 카망베르
	워시 치즈	에뿌아스, 랑그르, 탈레지오, 마투왈
	반경질 치즈	체다, 고다, 에담, 라클렛

미디엄 레드 와인	흰곰팡이 치즈	브리, 카망베르
	워시 치즈	에뿌아스, 랑그르, 탈레지오, 마투왈
	반경질 치즈	체다, 고다, 에담, 라클렛
	경질 치즈	파르미지아노, 레지아노, 그라나 파다노, 에멘탈, 꽁테, 그뤼에르
풀 레드 와인	워시 치즈	에뿌아스, 랑그르, 탈레지오, 마투왈
	반경질 치즈	체다, 고다, 에담, 라클렛
	경질 치즈	파르미지아노, 레지아노, 그라나 파다노, 에멘탈, 꽁테, 그뤼에르
스위트 화이트 와인	블루치즈	고르곤졸라, 스틸턴, 로크포르
디저트 와인	블루치즈	고르곤졸라, 스틸턴, 로크포르

와인 지식 두 잔

와인 잔의 종류

와인을 마실 때 전용 글라스를 사용하는 이유는 바로 향(아로마) 때문이다. 적정한 글라스에 담아 마시면 해당 와인 고유의 맛과 향을 제대로 즐길 수 있다. 그렇다고 여러 개를 살 필요는 없다. 자주 마시지 않는다면 레드 와인 잔과 스파클링 와인 잔 정도만 정도만 구비해 두자. 자주 마신다면 스타일에 따라 몇 가지 더 구비하는 것도 좋다.

미디엄-풀 바디 레드 와인

보르도 스타일.
넓은 림이 와인의 맛과 타닌을 부드럽게 만들어 준다.

카베르네 소비뇽, 메를로, 시라, 말벡, 진판델 등

★기본 템

라이트 바디 또는 아로마틱 레드 와인

부르고뉴 스타일. 좁은 림에 넓은 볼은
아로마가 풍성하고 섬세한 스타일의 와인을 즐기게 한다.

피노 누아, 가메, 네비올로, 발폴리첼라 등

★기본템+α

로제 와인

작은 글라스의 좁은 림은
과일의 향과 낮은 온도를 유지해 준다.

로제 펫낫, 브라케토, 람부르스코, 핑크 모스카토,
화이트 진판델 등

라이트 바디 화이트 와인

작은 글라스는 산소의 양을 최소화해
아로마틱한 풍미와 신선한 산도, 낮은 온도를 유지시킨다.

샤블리 스타 샤도네이, 소비뇽 블랑, 리슬링, 슈냉 블랑 등

★기본템+α

풀 바디 화이트 와인

아로마가 풍성한 브루고뉴 스타일의
화이트 와인을 마시기에 적합하다.

오크 숙성 샤도네이, 비오니에, 몽라쉐 등

스파클링 와인

가늘고 긴 글라스는
청량감과 올라오는 기포를 오랜 시간 즐기게 한다.

샴페인, 크레망, 까바,
스푸만테, 프로세코 등

★기본템

디저트 와인

작은 글라스는
알코올이 빠르게 증발하는 것을 막아 준다.

주정 강화 포트, 셰리, 마데이라 등

와인 지식 세 잔
와인 잔 세척법

♣ 맨정신에 닦기
술에 취한 상태로 닦으면 깨뜨릴 확률이 높다! 와인을 마신 날은 와인 잔에 따뜻한 물을 받아 놓고 다음 날 닦는 게 좋다.

♣ 세제는 최소한으로 사용하기
향이 없는 세제를 사용하는 게 가장 좋다. 그러나 집에 있는 일반 세제를 사용한다면 물에 세제를 풀어 닦거나, 작은 스펀지에 세제를 묻혀 입술이 닿는 림 부분만 세척한다. 그리고 따뜻한 물로 한 번 더 닦아 냄새가 남았는지 확인한다.

♣ 글라스 전용 리넨 사용하기
유리를 닦는 글라스 전용 리넨을 사용하면 얼룩이 지지 않는다. 리넨은 두 개를 준비해 안전하게 닦자.

와인 지식 네 잔

와인의 등급 알기

와인에도 등급이 있다. 원산지에 대한 정보가 없는 와인부터 명성이 있는 특정 품종이나 원산지에 따른 와인까지 다양하며 가격도 천차만별이다. 기본적으로 국가별, 지역별 와인의 등급을 알아 두면 와인을 고를 때 유용하다.

♣ **프랑스&이탈리아**

프랑스와 이탈리아의 와인은 각각 2009년, 2010년에 와인의 등급이 개정되었다. 지역별로 등급이 다르며, 개정 전 올드 빈티지 와인이 아직도 유통이 되기 때문에 개정 전후 등급 차이를 알아 두자.

또한, 프랑스는 지역별로 세부 등급에 차이가 있다. 메인 지역인 보르도, 부르고뉴의 등급을 알아보자.

프랑스 와인 등급

	개정 전	개정 후
최상급	AOC Premier Grand Cru Classe / AOC Grand Cru Classe	AOP Premier Grand Cru Classe / AOP Grand Cru Classe
상급	AOC(Appellation d'origine controlee)	AOP(Appellation d'origine Protagee)
중급	V.d.P(vin de Pays)	I.G.P(Indication Geogtaphique Protagee)
보급형	V.d.T(vin de Table)	V.d.F(Vin de France)

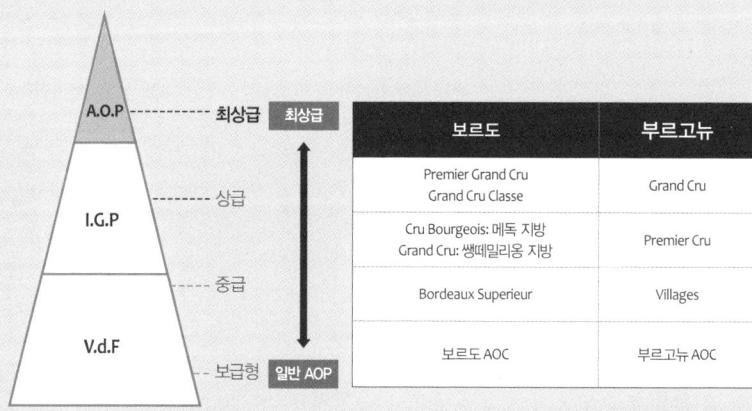

	보르도	부르고뉴
	Premier Grand Cru Grand Cru Classe	Grand Cru
	Cru Bourgeois: 메독 지방 Grand Cru: 쌩떼밀리옹 지방	Premier Cru
	Bordeaux Superieur	Villages
	보르도 AOC	부르고뉴 AOC

이탈리아 와인 등급

	개정 전	개정 후
최상급	D.O.C.G(Denominazione di Origine Controllata e Garantita)	D.O.P(Denomination di Origine Protetta)
상급	D.O.C(Denominazione di Origine Controllata)	
중급	I.G.T(Indicazione Geografica Tipica)	I.G.P(Indicazione Geografica Protetta)
보급형	V.d.T(vino da Tanola)	Vini varietali Vino

♣ 스페인&독일

일반 등급 외에 스페인은 숙성 등급이 있고, 독일은 당도 등급이 있다.

스페인 와인 등급

	스페인	독일
+A	VP(Vino de Pago)	QWPSR (Quality Wines Produced in Specified Regions)
최상급	DOCa(Denominación de origen Calificada)	
상급	DO(Denominación de Origen)	
	VC(Vino de Calidad conindicación geográfica)	
중급	vino de ca Tierra	TW(Table Wine)
보급형	vino de Mesa	

스페인의 숙성 등급

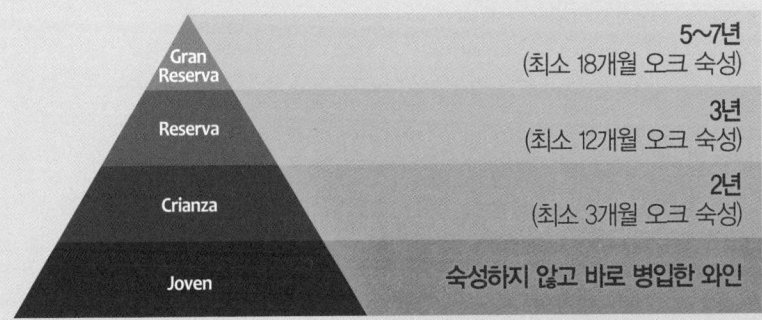

독일 와인 등급

	스페인	독일
최상급	QmP(Qualitätswein mit Prädikat)	PDO(Wine with a Protected Designation of Origin)
상급	QbA(Qualität swein Best immter Anbaugebiete)	Qualitätswein(Dry Wine) / Prädikatswein(Sweet wine)
중급	Landwein	Landwein
보급형	Tafewine	DeutscherWein

독일의 Qmp 당도 등급

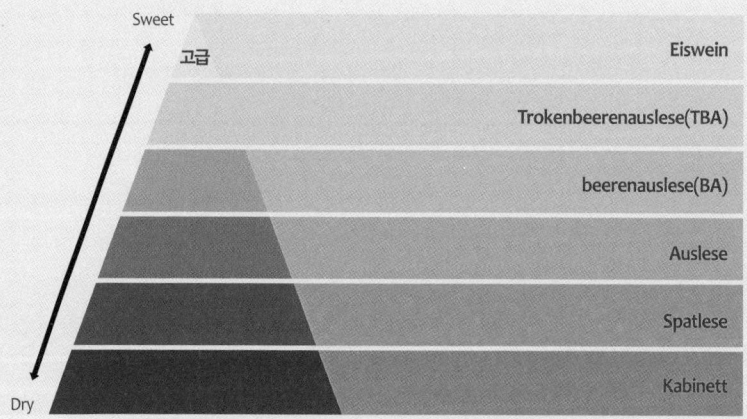

와인 지식 다섯 잔

와인 레이블 읽기

와인의 레이블은 암호처럼 보이기 마련이다. 그러나 읽는 법을 알아 두면 와인의 원산지와 특징, 제조년월, 생산자, 병입자 등을 알 수 있어 선택에 도움이 된다. 용량, 도수, 로트 넘버, 포도 외 들어간 첨가물 등에 대한 정보 등 소비자를 위한 정보가 기재된다.

♣ **지역명 표기**

주로 프랑스, 이탈리아, 스페인 등의 유럽 국가에서 표기한다. 지역별로 주로 생산되는 품종은 다음과 같다.

지역명		주 재배 품종
프랑스	보르도(Bordeaux)	카베르네 소비뇽, 메를로
	부르고뉴(Bourgogne)	피노 누아, 샤르도네
	보졸레(Beaujolais)	가메

프랑스	샤블리(Chablis)	샤르도네
	론(Rhone)	시라, 그르나슈 외
	상세르(Sancerre)	소비뇽 블랑
이탈리아	바롤로(Barolo)	네비올로
	끼안티(Chianti)	산지오베제
스페인	리오하(Rioja)	템프라니요

♣ **품종명 표기**

미국, 칠레, 호주, 아르헨티나, 뉴질랜드, 남아공 등 유럽 외 국가에서 생산되는 와인에는 품종명이 기재되어 있다고 해도 100% 표기 품종으로 만들어지지 않는다. 동일 포도 품종이 일정 함유되어 있어

미국
덕혼, 나파 밸리
카버네 소비뇽 2015

Cabernet Sauvignon 85%
Merlot 15%

칠레
몬테스 알파
카버네 소비뇽 2016

Cabernet Sauvignon 90%
Merlot 10%

아르헨티나
카이켄
에스테이트 말벡 2017

Malbec 96%
Cabernet Sauvignon 4%

야 표기할 수 있으며 국가별로 기준이 상이하다. 미국과 칠레, 남아공은 75% 이상이어야 품종명을 사용할 수 있으며, 호주와 뉴질랜드, 아르헨티나는 85% 이상이어야 한다.

♣ 그 외 알아 두면 좋은 레이블 용어

도멘 (Domain)	프랑스 부르고뉴 지역의 와인 제조업체 또는 부르고뉴 지역의 포도원. 사전적으로 '땅'이라는 의미이며 포도원을 소유한 양조자가 직접 생산한 와인을 일컫는다.
비에유 비뉴 (Vieilles Vignes)	수령이 오래된 포도나무. 평균 60년 이상 된 포도나무에서 수확한 포도로 만든 고급 와인이라는 뜻이다.
에스테이트 (Estate)	우수한 와이너리, 양조장을 의미. 'Estate Bottled'는 포도 재배부터 수확, 병입까지 한 곳에서 생산한 와인이라는 뜻이다.
레제르바 (Reserva)	나라별로 Riserva, Reserve라고도 쓰이며, 구 유럽에서 숙성 시간에 따른 규제를 나타낼 때 사용했다. 스페인은 숙성 등급 규정에 따라 3년 숙성 시 Reserva, 5년 이상 숙성 시 Grand Reserva를 붙였으며, 이탈리아는 생산자마다 규정에 따라 일정 기준 이상이 되면 Reserva를 붙였다. 현재는 공식 규정이 없으며 일반적으로 우수한 와인일 경우에 Reserva를 표기한다.

와인 지식 여섯 잔

와인 보관법

　와인은 온도에 굉장히 민감한 술이다. 평균 10도가 오르면 화학 반응이 2배로 증가해 보관 기간이 짧아진다는 전문가의 의견이 있다. 가장 좋은 방법은 와인 셀러에 보관하는 것이다. 그러나 비싸서 구매가 어렵다면 임시 보관용으로 냉장고의 야채 칸을 추천한다. 야채 칸에 보관할 때는 와인을 신문지나 헝겊 등으로 싸서 눕혀 보관해야 진동, 빛, 냄새 등의 영향을 덜 받는다. 화이트 와인과 레드 와인은 보관 온도가 다르지만 오픈했다면 평균 4~5도 정도가 좋다.

오픈 전	오픈 후
12~15도 정도의 서늘한 곳	4~5도 정도의 서늘한 곳 진공 마개를 사용
햇빛과 진동이 없는 곳	진공 마개를 사용
냄새가 심하지 않은 곳	진공 마개가 없다면 작은 병에 옮겨 담아 뚜껑을 닫아 보관

와인은 산소를 만나면 빠르게 숙성 과정을 거치게 된다. 그러므로 오픈 후 다 마시지 못했다면 산소 차단에 신경 써야 한다. 와인 전용 진공 마개(스토퍼)를 사용하는 게 가장 좋고, 없다면 코르크 아래로 랩을 싸 막아 두는 것도 좋다. 요즘은 병 안에 남은 산소를 빼 주는 배큐빈(Vacuvin), 산소 흡수 패치가 있는 플라뱅(Flavin) 등의 진공 마개도 있고, 코르크를 빼지 않고 병 안의 와인을 뽑아 마실 수 있는 코라뱅(Coravin)이라는 와인 추출기도 있다. 일반 진공 마개를 사용했다면 3~5일 안에, 적어도 일주일을 넘기지 않는 걸 추천한다.

배큐빈(vacuvin)   플라뱅(Flavin)   코라뱅(coravin)

* 출처: 아시아경제 [와인이야기] 와인을 어떻게 보관할까' 2018.02.09
https://www.asiae.co.kr/article/2018020813573521971

와인 지식 일곱 잔

셀프 와인 구매 팁

최근 국내 와인 시장은 편의점, 마트, 와인 전문 숍의 와인 매출량만 보아도 알 수 있을 정도로 급성장하고 있다. 비대면 소비가 활성화되며 스마트 오더 시스템을 도입한 편의점도 주요 와인 판매처가 되었고, 이제는 와인이 마시고 싶으면 가까운 마트에 가면 된다. 그런데 와인에 대해 강의할 때 의외로 가장 많이 받는 질문 중 하나가 '와인을 어디에서 사야 하는지'였다. 막상 가면 내가 원하는 와인이 없기 때문이다. 콕 집어 내가 원하는 와인이 있다면 해당 와인이 입점해 있는 매장에 찾아가자. 와인마다 수입사별로 판매처가 다른 경우가 있다.

♣ **편의점**

저가, 가성비 와인을 찾는다면 집 근처 편의점의 와인 코너를 추천한다. 1+1이나 2+1 행사도 많고, 혼술족을 위한 미니 보틀 와인, 쉽게 오픈할 수 있는 스크루캡 와인도 찾을 수 있다. 스마트 오더 시스템을 이용하면 편의점으로 와인을 주문해 픽업할 수도 있다. 단, 와인이 상온에 진열된 것은 아쉽다. 판매율이 높지 않은 와인의 경우 상온에 오래 노출되어 있어 변질될 수 있다. 신중하게 고를 것을 권한다.

♣ 마트

대중적인 와인을 대량으로 구비해 두는 대형 마트의 경우, 저가부터 중·고가 와인까지 다양한 편이다. 또한, 몇 년 사이에 내추럴 와인 소비량이 늘어남에 따라 고객의 니즈에 맞춘 와인을 준비하는 곳도 늘고 있다. 마트는 다른 판매점보다 회전율이 높아 상온에 진열된 와인이어도 변질해 있을 우려가 적다. 그러나 대량으로 입고하기 때문에 병의 외관을 잘 살펴야 한다. 레이블이 긁히거나 변색되지 않았는지, 뚜껑 쪽 포일이 손으로 돌렸을 때 돌아가는지, 와인의 양이 다른 와인에 비해 적지는 않은지 등을 확인하자.

♣ 와인 숍

선물용 와인, 기념일이나 중요한 모임에 사용할 와인을 찾는다면 다양한 컬렉션을 두고 있는 전문 와인 숍을 추천한다. 요즘에는 소믈리에나 와인 전문가가 운영하는 숍이 많아지고 있어 맞춤 추천을 받을 수도 있다. 와인 숍은 와인의 보관과 관리에 신경을 쓰기 때문에 질이 좋은 편이며, 와인 정보 브로슈어를 제공하거나 시음 서비스를 선보이기도 한다. 단, 편의점이나 마트보다 가격이 높으므로 상황에 맞게 선택한다.

♣ 백화점

백화점 내 와인 코너에서는 중·고가에서 고가의 와인을 판매한다. 잘 알려지지 않는 프리미엄급 와인은 전용 셀러에 보관되는 등 관리도 무척 잘 된다. 최근에는 소믈리에와 쉐프가 있는 와인 숍&다이닝 공간을 만들어 바로 구매한 와인을 요리와 함께 즐길 수 있는 곳도 있다. 백화점에서 파는 와인은 가격이 다소 비싸지만 행사 기간에 가면 할인가에 구매할 수 있다. 단, 대형 수입사 몇 곳만 입점해 있어 선택에 어려움이 있는 건 아쉽다.

♣ 와인 아울렛

와인을 상시 할인하여 판매하는 아울렛형 와인 숍이다. 접근성이 타 판매처보다 현저히 낮지만 와인을 저렴하게 사고 싶다면 추천한다. 저가부터 고가, 유명한 와인 등이 구비되어 있다. 단, 레이블 손상, 포일 캡 컨디션, 병목 와인 손실 여부 등을 확인해 구입하는 것이 좋다.

♣ 온라인 와인 구매

비대면 서비스가 강화되며 와인 시장도 모바일 앱을 이용한 스마트 오더 시스템이 활성화되었다. 앱으로 와인을 사전 주문하고 결제하면 원하는 편의점에서 픽업할 수 있다.

판매처	앱	설명
GS (Wine 25+)	더팝	2,500여 종의 다양한 주류를 구입할 수 있다. 오전 11시 이전 주문 건은 당일 오후 6시 이후 찾아갈 수 있으며, 원하는 와인을 구매할 수 있는 매장과 수량도 알려준다.
CU (CU 와인샵)	포켓 CU	오프라인 매장에 구비해 두기 어려운 중·고가 이상의 와인 120여 종과 다양한 주류를 구매할 수 있다. 오전 8시 전 주문 건은 당일 오후 6시부터 찾아갈 수 있다.
이마트24	와인포인트	1회에 두 병까지 예약할 수 있다. 새벽 1시 주문 마감이며, 입고 시 알람이 울린다.
세븐일레븐	세븐앱/ 칠성몰	세븐앱은 수도권에 한해 서비스되며, 칠성몰은 저가에서 고가까지 다양한 와인을 서비스한다. 오전 8시 전 주문 건은 당일 오후 6시에 찾아갈 수 있다.
파리바게뜨	해피오더	편의점만큼이나 접근성이 뛰어난 매장이다. SPC그룹의 소믈리에가 엄선한 20여 종의 와인을 주문할 수 있다. 주문이 불가능한 매장도 있으니 참고하자.
와인그래프	와인그래프	사용자의 SNS 활동 데이터를 기반으로 와인을 추천하는 서비스로, 가까운 판매점에서 와인을 받을 수 있다. 현재 15개 이상의 오프라인 판매점에서 이용할 수 있다.

♣ 와인 정기 구독 서비스

이제는 와인 정기 구독 서비스도 가능한 시대가 되었다. 자신의 라이프와 취향에 맞는 와인을 큐레이션 받아 배송받는 서비스다. 수많은 와인 중 무엇을 사야 할지, 어떤 스타일의 와인을 좋아하는지 모르겠다면 한 달에 한 번 선물처럼 와인을 받아 보자. 와인과 함께 전해오는 정보를 보며 나만의 홈 와인 라이프를 즐기는 것도 좋다.

업체명	설명	큐레이션	웹사이트
퍼플독	나의 와인 취향을 AI가 추천해 준다!	• 월 1~3병의 와인(구독료 차등) • 와인 설명서 • 1분 레슨 와인 북 • 온라인 콘텐츠 정보	www.purpledog.co.kr 02-6933-4772~3
위키드 라이프	이달에 가장 맛있게 즐길 수 있는 와인 배송 서비스	• 월 1회 3병의 와인 • 와인 설명서 • 테이스팅 노트 • 페어링 영상과 전용 레시피	www.wkd-seoul.com 070-8777-0070
슈퍼 보틀	제주 지역 와인 구독 서비스	• 매월 큐레이션되는 일반, 내추럴 와인	www.superbottle.co.kr 연동점 0507-1442-6626 협재점 0507-1433-6626
포도 클럽	해외 와이너리들과 직거래를 통해 합리적인 가격으로 큐레이션 되는 서비스	• 월 3병의 와인(구독료 차등) • 와인 설명서 • 와인 시음회 초청	www.podoclub.kr 1544-6902

와인 Q&A

Q1. 와인은 왜 숙취가 심한가요?

A. 어떤 술이든 많이 마시면 숙취가 있지만, 유독 와인을 마시면 숙취가 심하다는 사람이 있다. 특히, 발효되면서 생성되는 이산화황과 타닌이 몸에 맞지 않으면 두통에 시달리기도 한다. 이산화황은 포도나무를 곰팡이로부터 보호하고, 와인이 숙성·발효되는 과정에서의 산패 방지와 풍미 유지를 위한 보존제로 사용된다. 자연 발효되는 과정에서도 생성되기 때문에 이산화황이 없는 일반 와인은 드물다. 와인은 마시고 싶은데 숙취와 두통이 걱정이라면 이산화황이 적게 들어가거나 아예 쓰지 않은 내추럴 와인을 추천한다. 또한, 타닌은 포도 껍질에서 나오는 성분으로 입안에 떫은 느낌을 준다. 주로 레드 와인에 많이 함유되어 있으므로 타닌이 적은 레드 와인 또는 화이트 와인, 스파클링 와인을 추천한다.

• 출처: 〈HUFFPOST〉 '와인 마시면 유독 두통 숙취가 심한 이유'
https://www.huffingtonpost.kr/entry/wine-hangover-headache_kr_5ec8b5a3c5b6d46d95472114,
〈와인 21〉 '와인 속의 이산화황' https://www.wine21.com/11_news/news_view.html?Idx=4632

Q2. 오래된 와인, 비싼 와인은 무조건 좋은 와인인가요?

A. 무조건 오래된 와인이 좋은 건 아니다. 한 와이너리에서도 대체로 단기 숙성용 와인과 장기 숙성용 와인 등 다양한 스타일의 와인을 생산하며, 사용하는 포도가 다르고, 양조 과정에도 차이가 있다. 일반적으로 데일리 와인이라고 불리는 와인은 단기 숙성용으로 만들어진 경우가 많다. 그중 보졸레 누보 와인은 그 해 수확한 포도로 만들어 매년 11월 셋째 주 목요일에 전 세계에 동시 출시된다. 겉절이나 햅쌀로 갓 지은 밥이 맛있는 것처럼 보졸레 누보 와인도 바로 먹어야 맛있다. 우리나라 기준으로 10만 원 이상의 와인은 대체로 10~15년 이상 숙성해야 와인의 적정 음용 시기가 도래하는 와인들이다. 또한, 사람의 취향과 입맛은 다 다르다. 100만 원 이상 호가하는 와인이라고 해도 내 입맛에 맞지 않으면 좋은 와인이 아니며, 1만 원대의 와인이라고 해도 내 입맛에 맞으면 좋은 와인이다.

Q3. 와인을 고를 때 우선순위로 확인해야 할 것은 무엇인가요?

A. 와인을 고를 때는 와인의 보관 상태와 와인의 상태를 체크해야 한다. 첫 번째로 볼 것은 라벨 상태이다. 최대한 이동과 충격이 적은 게 좋으므로 라벨이 깨끗하고 찢어지지 않은 것을 고른다. 두 번째로 봐야 할 것은 코르크 마개 와인의 경우 씌워진 포일이 돌아가는가이다. 스티커가 붙어 있으면 체크할 수 없지만 그렇지 않다

면 돌려 보자. 돌아가지 않으면 이동과 보관 시 문제가 발생한 경우가 많다. 마지막으로 울라지(ullage)라고 하는 와인이 병 안에 담긴 양을 체크한다. 일반적으로는 포일을 기준으로 보이지 않거나 보이더라도 1cm 내외이다. 만약 같은 와인인데 양이 현저하게 적다면 보관상 문제가 있는 건 아닌지 의심해 보아야 한다. 15~20년 이상의 올드 와인이 아니라면 더욱 더 그렇다.

* 출처: 〈Win Ullage〉 '와인 울라지란?'
https://fran8813.tistory.com/entry/Win-Ullage-%EC%99%80%EC%9D%B8-%EC%9A%A8%EB%9D%BC%EC%A7%80%EB%9E%80

Q4. 스크루 캡 와인은 싼 와인인가요?

A. 와인은 그마다의 보관법이 달라 보관을 잘못하면 변질된다. 그중 스크루 캡 와인은 산소의 양을 자가조절하지 못하는 코르크 마개로 인해 변질되는 '부쇼네(Bouchonne)' 문제를 보완하기 위해 만들어졌다. 게다가 코르크 마개는 오픈 시 부러지기도 하고, 재사용도 불가하다. 그래서 요즘에는 고가의 와인에도 스크루 캡이 많이 사용된다. 소비자로서는 조금 더 쉽고 편하게 와인을 접할 수 있다.

Q5. 옷에 레드 와인을 흘렸어요. 어떻게 하나요?

A. 가능한 한 빨리 지워야 한다. 아직 와인이 마르지 않았다면 소금을 얼룩 위에 두껍게 도포해 두었다가 한 시간 뒤에 플레인 탄산수(레몬 향이나 라임 향 등 당류가 첨가되지 않은 탄산수)를 부어가며 세

척한다. 수돗물보다 pH 지수가 낮은 산성의 탄산수가 얼룩 제거에 효과적이다. 와인 얼룩이 말랐다면 도수가 높은 색이 높은 술을 찾아 얼룩이 흐려질 때까지 뿌리며 세탁한다. 레드 와인의 안토시아닌 성분은 알코올로 지워낼 수 있다.

* 출처: 위키하우 '옷에 묻은 레드 와인 자국 지우는 법'
https://ko.wikihow.com/%EC%98%B7%EC%97%90-%EB%AC%BB%EC%9D%80-%EB%A0%88%EB%93%9C-%EC%99%80%EC%9D%B8-%EC%9E%90%EA%B5%AD-%EC%A7%80%EC%9A%B0%EB%8A%94-%EB%B2%95

| 알아 두면 좋은 와인 맛 표현 용어 |

아로마&부케 Top 10

브렛 (Brett)	내추럴 와인에서 주로 나는 향. 말, 땀, 마구간 등의 자극적인 풍미
시트러스 (Citrus)	라임, 레몬, 자몽, 오렌지 등 감귤류의 상큼한 향과 풍미
얼디 (Earthy)	흙냄새, 젖은 땅에서 풍겨오는 냄새. 주로 숙성된 와인에서 난다.
프루티(Fruity)/ **프레시(Fresh)**	강한 과일 향. 과일의 신선한 산미와 맛
그린 (Green)	야채, 풀 등의 풋풋한 향. 숙성이 더 필요한 영한 와인에서 난다.
미네랄리티 (Minerality)	미네랄감. 손에 쥔 동전의 냄새나 바닷가 조약돌에서 나는 냄새. 약간 짭조름하고 복합적인 맛이 난다.
바닐라 (Vanilla)	오크 숙성을 통해 나타나는 향 또는 맛
베지털 (Vegetal)	피망이나 아스파라거스 등의 녹색 식물 향
우디 (Woody)	오크 숙성을 통해 나는 나무 향과 맛. 풍성한 바닐라 풍미와 부드러운 타닌이 느껴진다.
이스티 (Yeasty)	효모 향. 구운 빵 냄새와 비슷하며 주로 화이트 와인이나 스파클링 와인에서 난다.

텍스쳐 Top10

비트 (Bit/Bitterness)	타닌에 의해 느껴지는 쓴맛 또는 불에 그을린 오크통 숙성 향. 떫은맛과는 다르며 아직 숙성되지 않은 영한 와인이나 저 품질 와인에서 느껴진다.
버러티 (Buttery)	크리미한 질감이나 맛. 주로 유산 발효한 샤르도네 화이트 와인에서 느껴진다.
크리스피 (Crisp)	상큼하고 상쾌한 맛. 산도가 높은 와인에서 느껴지는 상큼한 산미를 말한다.
하드 (Hard)	거친 맛. 타닌이 지나치게 함유되어 있어 쓰고 매운맛을 말한다.
재미 (Jammy)	잼 같은 질감. 졸인 과일처럼 농축된 풍미와 진한 질감을 뜻한다.
오일리 (Oily)	매끈함, 미끈거림, 유질감. 매끈거리는 와인의 질감을 말하며, 글리세린의 함유량에 따른다. 주로 스위트 와인, 오크 숙성한 화이트 와인에서 느껴지며 와인의 온도와 알코올 도수가 높은 와인에서도 느껴진다.
실키 (Silky)	실크 같은 부드러운 질감. 피노 누아 같은 라이트 바디 레드 와인에서 느껴진다.
스파이시 (Spicy)	매콤한 맛. 후추, 계피, 아니스, 정향, 육두구 등의 향신료 향 또는 맛을 말한다.
타닉 (Tannic)	타닌이 강한 맛. 혀와 입을 마르게 하고 텁텁한 맛이 느껴진다.
플랫 (Flat)	신맛이 낮아 신선함과 생동감이 떨어지는 맛. 스파클링 와인에서 사용할 경우에는 탄산이 빠졌다는 뜻이다.

총체적인 표현 Top 10

밸런스 (Balanced)	균형 잡힌. 와인을 구성하는 산도, 당도, 타닌, 알코올, 바디감 등의 요소가 어느 것 하나 튀지 않고 조화를 이룰 때 사용한다.
클로즈드 (Closed)	와인의 맛과 아로마가 잘 드러나지 않은 경우에 사용한다. 숙성 시 디캔딩을 하면 아로마와 맛이 열릴 와인.
콤팩트 (compact)	와인의 성분들이 압축되어 견고함이 느껴질 때 사용한다.
콤플렉스 (Complex Complexity)	기본적인 과일 향 외에 향신료, 꽃, 동물성, 광물성 등의 복합적인 풍미를 가지거나 쓴맛, 떫은맛, 감미로운 맛 등의 다양한 질감이 느껴지는 뛰어난 품질의 와인에 사용한다.
이지 (Easy)	마시기 쉽거나 대중이 접근하기 쉬운 가성비 와인.
엘레강스 (Elengance)	풍미가 화려하지만 튀지 않고 부드러운 와인.
파인 (Fine/Finesse)	균형이 잘 잡힌 고급 와인. 지나치게 육중하지 않고 거칠지 않은 타닌의 섬세하고 뛰어난 와인.
파워풀 (Powerful)	풍부한 향과 맛, 질감이 강하게 느껴지는 와인.
리치 (Rich)	과일과 향신료의 풍부한 풍미와 진한 질감의 와인.
스트럭처 (Structured)	산미, 타닌, 알코올 등 와인의 성분들끼리 구조화되어 있고 견고한 와인.

문제 발생 와인 Top 3

쿡드 (Cooked)	지나치게 높은 온도에 노출되었거나 보관 온도가 수시로 변화할 때 와인의 과실 향은 적어지고 밋밋하며 여운이 짧다. 외관상 코르크 마개가 튀어나와 있거나 호일이 돌아가지 않고, 마개가 불규칙적이거나 와인이 올라왔던 흔적이 있다.
콜키 (Corky/Corked/TCA)	코르크 마개 또는 오크통이 생산 과정에서 오염된 경우. 젖은 마분지, 지하실의 곰팡이 냄새가 난다. 문제가 발생한 와인은 반품이나 교환이 가능하다.
산화된 산화제 (Oxidized)	많은 양의 산소와 접촉해 와인이 변질된 상태. 주로 갈색, 강한 신맛과 씁쓸한 맛 등이 난다.

* 출처: 〈미쉐린 가이드〉 '와인의 맛을 표현하는 테이스팅 용어 101'
https://guide.michelin.com/kr/ko/article/features/%EC%99%80%EC%9D%B8%EC%9D%98-%EB%A7%9B%EC%9D%84-%ED%91%9C%ED%98%84%ED%95%98%EB%8A%94-%EC%9A%A9%EC%96%B4-101